全国普法学习读本

农村发展法律法规读本

扶贫脱贫法律法规学习读本

扶贫开发法律法规

李 勇 主编

汕头大学出版社

图书在版编目（CIP）数据

扶贫开发法律法规／李勇主编. -- 汕头：汕头大
学出版社（2021.7重印）
　（扶贫脱贫法律法规学习读本）
　ISBN 978-7-5658-3675-6

　Ⅰ. ①扶… Ⅱ. ①李… Ⅲ. ①扶贫-法律-基本知识
-中国 Ⅳ. ①D922. 44

　中国版本图书馆 CIP 数据核字（2018）第 143371 号

扶贫开发法律法规　　　　　　FUPIN KAIFA FALÜ FAGUI

主　编：李　勇
责任编辑：邹　峰
责任技编：黄东生
封面设计：大华文苑
出版发行：汕头大学出版社
　　　　　广东省汕头市大学路 243 号汕头大学校园内　邮政编码：515063
电　话：0754-82904613
印　刷：三河市南阳印刷有限公司
开　本：690mm×960mm 1/16
印　张：18
字　数：226 千字
版　次：2018 年 7 月第 1 版
印　次：2021 年 7 月第 2 次印刷
定　价：59.60 元（全 2 册）
ISBN 978-7-5658-3675-6

前　言

习近平总书记指出："推进全民守法，必须着力增强全民法治观念。要坚持把全民普法和守法作为依法治国的长期基础性工作，采取有力措施加强法制宣传教育。要坚持法治教育从娃娃抓起，把法治教育纳入国民教育体系和精神文明创建内容，由易到难、循序渐进不断增强青少年的规则意识。要健全公民和组织守法信用记录，完善守法诚信褒奖机制和违法失信行为惩戒机制，形成守法光荣、违法可耻的社会氛围，使遵法守法成为全体人民共同追求和自觉行动。"

中共中央、国务院曾经转发了中央宣传部、司法部关于在公民中开展法治宣传教育的规划，并发出通知，要求各地区各部门结合实际认真贯彻执行。通知指出，全民普法和守法是依法治国的长期基础性工作。深入开展法治宣传教育，是全面建成小康社会和新农村的重要保障。

普法规划指出：各地区各部门要根据实际需要，从不同群体的特点出发，因地制宜开展有特色的法治宣传教育坚持集中法治宣传教育与经常性法治宣传教育相结合，深化法律进机关、进乡村、进社区、进学校、进企业、进单位的"法律六进"主题活动，完善工作标准，建立长效机制。

特别是农业、农村和农民问题，始终是关系党和人民事业发展的全局性和根本性问题。党中央、国务院发布的《关于推进社会主义新农村建设的若干意见》中明确提出要"加强农村法制建设，深入开展农村普法教育，增强农民的法制观念，提高农民依法行使权利和履行义务的自觉性。"多年普法实践证明，普及法律知识，提高法制观念，增强全社会依法办事意识具有重要作用。特别是在广大农村进行普法教育，是提高全民法律素质的需要。

多年来，我国在农村实行的改革开放取得了极大成功，农村发生了翻天覆地的变化，广大农民生活水平大大得到了提高。但是，由于历史和社会等原因，现阶段我国一些地区农民文化素质还不高，不学法、不懂法、不守法现象虽然较原来有所改变，但仍有相当一部分群众的法制观念仍很淡化，不懂、不愿借助法律来保护自身权益，这就极易受到不法的侵害，或极易进行违法犯罪活动，严重阻碍了全面建成小康社会和新农村步伐。

为此，根据党和政府的指示精神以及普法规划，特别是根据广大农村农民的现状，在有关部门和专家的指导下，特别编辑了这套《全国普法学习读本》。主要包括了广大人民群众应知应懂、实际实用的法律法规。为了辅导学习，附录还收入了相应法律法规的条例准则、实施细则、解读解答、案例分析等；同时为了突出法律法规的实际实用特点，兼顾地方性和特殊性，附录还收入了部分某些地方性法律法规以及非法律法规的政策文件、管理制度、应用表格等内容，拓展了本书的知识范围，使法律法规更"接地气"，便于读者学习掌握和实际应用。

在众多法律法规中，我们通过甄别，淘汰了废止的，精选了最新的、权威的和全面的。但有部分法律法规有些条款不适应当下情况了，却没有颁布新的，我们又不能擅自改动，只得保留原有条款，但附录却有相应的补充修改意见或通知等。众多法律法规根据不同内容和受众特点，经过归类组合，优化配套。整套普法读本非常全面系统，具有很强的学习性、实用性和指导性，非常适合用于广大农村和城乡普法学习教育与实践指导。总之，是全国全民普法的良好读本。

目　　录

中央财政专项扶贫资金管理办法

财政专项扶贫资金绩效评价办法

省级党委和政府扶贫开发工作成效考核办法

扶贫开发最新政策

中央财政专项扶贫
资金管理办法

财政部　农业部　国家林业局等
关于印发《中央财政专项扶贫
资金管理办法》的通知

财农〔2017〕8号

有关省、自治区、直辖市财政厅（局）、扶贫办、发
展改革委、民（宗）委（厅、局）、农业厅（农垦管
理部门）、林业厅（局），新疆生产建设兵团财务局、
发展改革委、民宗局：

　　为贯彻落实《中共中央 国务院关于打赢脱贫攻
坚战的决定》精神，进一步加强和规范中央财政专项
扶贫资金使用与管理，促进提升资金使用效益，我们
对《财政专项扶贫资金管理办法》（财农〔2011〕

412号）进行了修订，制定了《中央财政专项扶贫资金管理办法》，现印发给你们，请遵照执行。

财政部　扶贫办　国家发展改革委

国家民委　农业部　林业局

2017年3月13日

第一章　总　则

第一条　为贯彻落实《中共中央 国务院关于打赢脱贫攻坚战的决定》（以下简称《决定》）和精准扶贫、精准脱贫基本方略，加强中央财政专项扶贫资金管理，提高资金使用效益，依据《中华人民共和国预算法》和国家有关扶贫开发方针政策等，制定本办法。

第二条　中央财政专项扶贫资金是中央财政通过一般公共预算安排的支持各省（自治区、直辖市，以下简称"各省"）以及新疆生产建设兵团（以下简称"新疆兵团"）主要用于精准扶贫、精准脱贫的资金。

第三条　中央财政专项扶贫资金应当围绕脱贫攻坚的总体目标和要求，统筹整合使用，形成合力，发挥整体效益。中央财政专项扶贫资金的支出方向包括：扶贫发展、以工代赈、少数民族发展、"三西"农业建设、国有贫困农场扶贫、国有贫困林场扶贫。

第四条 坚持资金使用精准,在精准识别贫困人口的基础上,把资金使用与建档立卡结果相衔接,与脱贫成效相挂钩,切实使资金惠及贫困人口。

第二章 预算安排与资金分配

第五条 中央财政依据脱贫攻坚任务需要和财力情况,在年度预算中安排财政专项扶贫资金。

地方各级财政根据本地脱贫攻坚需要和财力情况,每年预算安排一定规模的财政专项扶贫资金,并切实加大投入规模,省级资金投入情况纳入中央财政专项扶贫资金绩效评价内容。

第六条 中央财政专项扶贫资金分配向西部地区(包括比照适用西部大开发政策的贫困地区)、贫困革命老区、贫困民族地区、贫困边疆地区和连片特困地区倾斜,使资金向脱贫攻坚主战场聚焦。

第七条 中央财政专项扶贫资金主要按照因素法进行分配。资金分配的因素主要包括贫困状况、政策任务和脱贫成效等。贫困状况主要考虑各省贫困人口规模及比例、贫困深度、农民人均纯收入、地方人均财力等反映贫困的客观指标,政策任务主要考虑国家扶贫开发政策、年度脱贫攻坚任务及贫困少数民族发展等工作任务。脱贫成效主要考虑扶贫开发工作成效考核结果、财政专项扶贫资金绩效评价结果、贫困县开展统筹整合使用财政涉农资金试点工作成效等。每年分配资金选择的因素和权重，可根据当年扶贫开发工作重点适当调整。

第三章　资金支出范围与下达

第八条　各省应按照国家扶贫开发政策要求，结合当地扶贫开发工作实际情况，围绕培育和壮大贫困地区特色产业、改善小型公益性生产生活设施条件、增强贫困人口自我发展能力和抵御风险能力等方面，因户施策、因地制宜确定中央财政专项扶贫资金使用范围。教育、科学、文化、卫生、医疗、社保等社会事业支出原则上从现有资金渠道安排。各地原通过中央财政专项扶贫资金用于上述社会事业事项（"雨露计划"中农村贫困家庭子女初中、高中毕业后接受中高等职业教育，对家庭给予扶贫助学补助的事项除外）的不再继续支出。

开展统筹整合使用财政涉农资金试点的贫困县，由县级按照贫困县开展统筹整合使用财政涉农资金试点工作有关文件要求，根据脱贫攻坚需求统筹安排中央财政专项扶贫资金。

第九条　各省可根据扶贫资金项目管理工作需要，从中央财政专项扶贫资金中，按最高不超过1%的比例据实列支项目管理费，并由县级安排使用，不足部分由地方财政解决。

项目管理费专门用于项目前期准备和实施、资金管理相关的经费开支。

第十条　中央财政专项扶贫资金（含项目管理费）不得用

于下列各项支出：

（一）行政事业单位基本支出；

（二）交通工具及通讯设备；

（三）各种奖金、津贴和福利补助；

（四）弥补企业亏损；

（五）修建楼堂馆所及贫困农场、林场棚户改造以外的职工住宅；

（六）弥补预算支出缺口和偿还债务；

（七）大中型基本建设项目；

（八）城市基础设施建设和城市扶贫；

（九）其他与脱贫攻坚无关的支出。

第十一条 中央财政专项扶贫资金项目审批权限下放到县级。强化地方对中央财政专项扶贫资金的管理责任。各省要充分发挥中央财政专项扶贫资金的引导作用，以脱贫成效为导向，以脱贫攻坚规划为引领，统筹整合使用相关财政涉农资金，提高资金使用精准度和效益。

第十二条 各省要创新资金使用机制。探索推广政府和社会资本合作、政府购买服务、资产收益扶贫等机制，撬动更多金融资本、社会帮扶资金参与脱贫攻坚。

第十三条 财政部在国务院扶贫开发领导小组批准年度资金分配方案后，及时将中央财政专项扶贫资金预算下达各省财政厅（局），并抄送财政部驻当地财政监察专员办事处（以下简称"专员办"）。

根据预算管理有关要求，财政部按当年预计执行数的一定比例，将下一年度中央财政专项扶贫资金预计数提前下达各省财政厅（局），并抄送当地专员办。

安排新疆兵团的财政专项扶贫资金，按照新疆兵团预算管理有关规定管理。

第十四条 各地应当加快预算执行，提高资金使用效益。结转结余的中央财政专项扶贫资金，按照财政部关于结转结余资金管理的相关规定管理。

第十五条 中央财政专项扶贫资金的支付管理，按照财政国库管理有关规定执行。属于政府采购、招投标管理范围的，执行相关法律、法规及制度规定。

第四章 资金管理与监督

第十六条 与中央财政专项扶贫资金使用管理相关的各部门根据以下职责分工履行中央财政专项扶贫资金使用管理职责。

（一）扶贫办、发展改革委、国家民委、农业部、林业局等部门分别商财政部拟定中央财政专项扶贫资金各支出方向资金的分配方案。扶贫办商财政部汇总平衡提出统一分配方案，上报国务院扶贫开发领导小组审定。由国务院扶贫开发领导小组通知各省人民政府。财政部根据审定的分配方案下达资金。

（二）各级财政部门负责预算安排和资金下达，加强资金监管。

（三）各级扶贫、发展改革、民族、农业（农垦管理）、林业等部门负责资金和项目具体使用管理、绩效评价、监督检查等工作，按照权责对等原则落实监管责任。

（四）安排新疆兵团的中央财政专项扶贫资金规模由财政部确定，新疆兵团财务、扶贫部门负责使用管理与监督检查。

第十七条 各地应当加强资金和项目管理，做到资金到项目、管理到项目、核算到项目、责任到项目，并落实绩效管理各项要求。

第十八条 全面推行公开公示制度。推进政务公开，资金政策文件、管理制度、资金分配结果等信息及时向社会公开，接受社会监督。

第十九条 中央财政专项扶贫资金使用管理实行绩效评价制度。绩效评价结果以适当形式公布，并作为中央财政专项扶贫资金分配的重要因素。绩效评价年度具体实施方案由财政部、扶贫办制定。

第二十条 各级财政、扶贫、发展改革、民族、农业（农垦管理）、林业等部门要配合审计、纪检监察、检察机关做好资金和项目的审计、检查等工作。各地专员办按照工作职责和财政部要求对中央财政专项扶贫资金进行全面监管，定期或不定期形成监管报告报送财政部，根据财政部计划安排开展监督检查。各级扶贫、发展改革、民族、农业（农垦管理）、林业等部门要配合专员办做好有关工作。

创新监管方式，探索建立协同监管机制，逐步实现监管口径和政策尺度的一致，建立信息共享和成果互认机制，提高监管效率。

第二十一条　各级财政、扶贫、发展改革、民族、农业（农垦管理）和林业等部门及其工作人员在中央财政专项扶贫资金分配、使用管理等工作中，存在违反本办法规定，以及滥用职权、玩忽职守、徇私舞弊等违法违纪行为的，按照《中华人民共和国预算法》、《公务员法》、《行政监察法》、《财政违法行为处罚处分条例》等国家有关规定追究相应责任；涉嫌犯罪的，移送司法机关处理。

第五章　附　则

第二十二条　各省根据本办法，结合本省的实际情况制定具体实施办法，报送财政部、扶贫办备案，并抄送财政部驻本省专员办。

第二十三条　本办法自 2017 年 3 月 31 日起施行。《财政部 发展改革委 国务院扶贫办关于印发〈财政专项扶贫资金管理办法〉的通知》（财农〔2011〕412 号）同时废止。《财政部 国家民委关于印发〈少数民族发展资金管理办法〉的通知》（财农〔2006〕18 号）、《财政部 农业部关于印发〈国有贫困农场财政扶贫资金管理暂行办法〉的通知》（财农〔2007〕

347 号）、《财政部 国家林业局关于印发〈国有贫困林场扶贫资金管理办法〉的通知》（财农〔2005〕104 号）、《财政部 国务院扶贫办关于印发〈"三西"农业建设专项补助资金使用管理办法（修订稿）〉的通知》（财农〔2006〕356 号）中有关规定与本办法不符的，执行本办法。

第二十四条　本办法由财政部会同扶贫办负责解释。

财政专项扶贫资金绩效评价办法

财政专项扶贫资金绩效评价办法

财政部　国务院扶贫办

关于印发《财政专项扶贫资金绩效评价办法》的通知

财农〔2017〕115号

有关省、自治区、直辖市财政厅（局）、扶贫办（局）：

　　为贯彻落实《中共中央 国务院关于打赢脱贫攻坚战的决定》精神，进一步发挥绩效评价对财政专项扶贫资金使用管理的导向和激励作用，我们对2008年印发的《财政专项扶贫资金绩效考评试行办法》（财农〔2008〕91号）进行修订，制定了《财政专项扶贫资金绩效评价办法》，现印发给你们，请遵照执行。

2017 年度财政专项扶贫资金绩效评价工作，依据本办法执行。从 2018 年起，辽宁、江苏、浙江、福建、山东、广东省要按本办法有关要求开展财政专项扶贫资金绩效目标管理工作，率先探索积累经验，中西部省份也要选择未纳入贫困县涉农资金整合试点的若干县开展试点，并结合实际逐步推进。

财政部　国务院扶贫办

2017 年 9 月 8 日

第一条　为规范和加强财政专项扶贫资金管理，提高资金使用效益，根据《中共中央 国务院关于打赢脱贫攻坚战的决定》和预算资金绩效管理有关要求，制定本办法。

第二条　财政专项扶贫资金绩效评价是指对财政专项扶贫资金的使用管理过程及其效果进行综合性考核与评价。

第三条　财政专项扶贫资金绩效评价的目标是突出脱贫成效，强化监督管理，保证财政专项扶贫资金管理使用的安全性、规范性和有效性。

第四条　财政专项扶贫资金绩效评价遵循以下原则：

（一）聚焦精准、突出成效；

（二）科学规范、公正公开；

（三）分类分级、权责统一；

（四）强化监督、适当奖励。

第五条　财政专项扶贫资金绩效评价的依据：

（一）党中央、国务院关于脱贫攻坚和扶贫开发的方针政策；

（二）中央和省级财政、扶贫部门制定印发的财政专项扶贫资金和扶贫项目管理的有关规章和规范性文件；

（三）统计部门公布的有关扶贫统计数据，财政、扶贫部门反映资金管理的有关资料，全国扶贫开发信息系统有关信息；

（四）各省、自治区、直辖市（以下简称省）上年度扶贫开发计划执行情况总结；

（五）资金拨付文件及相关资料；

（六）审计部门出具的有关财政专项扶贫资金审计报告；

（七）财政监督检查机构出具的有关财政专项扶贫资金检查结果；

（八）其他相关资料。

第六条　财政专项扶贫资金绩效评价的主要内容包括资金投入、资金拨付、资金监管、资金使用成效等方面的情况。财政专项扶贫资金绩效评价指标依据评价内容设定。

（一）资金投入。主要评价省本级预算安排的财政专项扶贫资金的投入总量、增幅及分配的合理性、规范性等。

（二）资金拨付。主要评价中央补助地方财政专项扶贫资金拨付的时间效率。

（三）资金监管。主要评价省级财政专项扶贫资金监管责任落实情况。包括信息公开和公告公示制度建设和执行、监督检查制度建设和执行等。

（四）资金使用成效。主要评价财政专项扶贫资金使用的效果。包括年度资金结转结余率、资金统筹整合使用成效（只适用于 832 个国家扶贫开发工作重点县和连片特困地区县所在的中西部省）、贫困人口减少、精准使用情况等。

（五）加减分指标。包括加分指标（机制创新）和减分指标（违规违纪）。

财政专项扶贫资金绩效评价的指标内容和计分方法保持总体稳定。财政部、国务院扶贫办可根据扶贫工作形势和要求变化对指标内容和计分方法在年度间进行适当调整。

第七条 财政专项扶贫资金绩效评价分级实施。财政部、国务院扶贫办负责对省级管理财政专项扶贫资金的情况进行绩效评价。各省财政、扶贫部门负责对省以下管理财政专项扶贫资金的情况进行绩效评价。

第八条 财政部、国务院扶贫办根据工作需要，可邀请有关部门或专家共同对财政专项扶贫资金进行绩效评价。

第九条 各省财政、扶贫部门应于每年 1 月 15 日前，将上一年度本省财政专项扶贫资金的绩效评价材料，连同扶贫开发计划执行情况的总结材料，报至财政部、国务院扶贫办。财政部、国务院扶贫办择机选择部分省进行实地抽查。各省对上报材料的真实性、及时性和完整性负责，对材料上报不及时或内容不全、不实、不规范的将视情况扣分。

第十条　对各省财政专项扶贫资金的绩效评价依据所设定的指标逐项计分后确定总得分（东部省总得分按比例折算）。根据得分将评价结果划分为四个等级，分别为：优秀（≥90分）、良好（≥80分，<90分）、及格（≥60分，<80分）、不及格（<60分）。

第十一条　资金绩效评价结果纳入省级党委和政府扶贫工作成效考核，并作为财政专项扶贫资金分配的因素之一。

第十二条　各省应根据绩效评价结果，及时总结经验，认真改进不足，提高管理水平和资金使用效益。

第十三条　省以下财政专项扶贫资金绩效，由各省财政、扶贫部门根据本办法并结合本省实际情况，确定具体评价方式及评价内容，制定本省的财政专项扶贫资金绩效评价办法或年度实施方案，报财政部、国务院扶贫办备案。

县级财政部门和资金使用管理相关部门要组织做好财政专项扶贫资金绩效目标管理工作，合理确定绩效目标及指标，按程序报省级财政部门和相关部门备案，并抄送财政部驻当地财政监察专员办事处，作为绩效执行监控和绩效评价的依据。

第十四条　本办法自2017年9月30日起施行，原《财政扶贫资金绩效评价试行办法》（财农〔2008〕91号）同时废止。

省级党委和政府扶贫开发
工作成效考核办法

省级党委和政府扶贫开发
工作成效考核办法

（2016 年 2 月 9 日中共中央办公厅、国务院办公厅印发）

第一条 为了确保到 2020 年现行标准下农村贫困人口实现脱贫，贫困县全部摘帽，解决区域性整体贫困，根据《中共中央、国务院关于打赢脱贫攻坚战的决定》，制定本办法。

第二条 本办法适用于中西部 22 个省（自治区、直辖市）党委和政府扶贫开发工作成效的考核。

第三条 考核工作围绕落实精准扶贫、精准脱贫基本方略，坚持立足实际、突出重点，针对主要目标任务设置考核指标，注重考核工作成效；坚持客观公正、群众认可，规范考核方式和程序，充分发挥社会监督作用；坚持结果导向、奖罚分明，实行正向激励，落实责任追究，促使省级党委和政府切实履职尽责，改进工作，坚决打赢脱贫攻坚战。

第四条 考核工作从 2016 年到 2020 年，每年开展一次，由国务院扶贫开发领导小组组织进行，具体工作由国务院扶贫办、中央组织部牵头，会同国务院扶贫开发领导小组成员单位组织实施。

第五条 考核内容包括以下几个方面：

（一）减贫成效。考核建档立卡贫困人口数量减少、贫困县退出、贫困地区农村居民收入增长情况。

（二）精准识别。考核建档立卡贫困人口识别、退出精准度。

（三）精准帮扶。考核对驻村工作队和帮扶责任人帮扶工作的满意度。

（四）扶贫资金。依据财政专项扶贫资金绩效考评办法，重点考核各省（自治区、直辖市）扶贫资金安排、使用、监管和成效等。

第六条 考核工作于每年年底开始实施，次年 2 月底前完成，按以下步骤进行：

（一）省级总结。各省（自治区、直辖市）党委和政府，对照国务院扶贫开发领导小组审定的年度减贫计划，就工作进展情况和取得成效形成总结报告，报送国务院扶贫开发领导小组。

（二）第三方评估。国务院扶贫开发领导小组委托有关科研机构和社会组织，采取专项调查、抽样调查和实地核查等方式，对相关考核指标进行评估。

（三）数据汇总。国务院扶贫办会同有关部门对建档立卡动态监测数据、国家农村贫困监测调查数据、第三方评估和财政专项扶贫资金绩效考评情况等进行汇总整理。

（四）综合评价。国务院扶贫办会同有关部门对汇总整理的数据和各省（自治区、直辖市）的总结报告进行综合分析，形成考核报告。考核报告应当反映基本情况、指标分析、存在问题等，作出综合评价，提出处理建议，经国务院扶贫开发领导小组审议后，报党中央、国务院审定。

（五）沟通反馈。国务院扶贫开发领导小组向各省（自治区、直辖市）专题反馈考核结果，并提出改进工作的意见建议。

第七条 考核中发现下列问题的，由国务院扶贫开发领导小组提出处理意见：

（一）未完成年度减贫计划任务的；

（二）违反扶贫资金管理使用规定的；

（三）违反贫困县约束规定，发生禁止作为事项的；

（四）违反贫困退出规定，弄虚作假、搞"数字脱贫"的；

（五）贫困人口识别和退出准确率、帮扶工作群众满意度较低的；

（六）纪检、监察、审计和社会监督发现违纪违规问题的。

第八条 考核结果由国务院扶贫开发领导小组予以通报。对完成年度计划减贫成效显著的省份，给予一定奖励。对出现本办法第七条所列问题的，由国务院扶贫开发领导小组对省级党委、政府主要负责人进行约谈，提出限期整改要求；情节严重、造成不良影响的，实行责任追究。考核结果作为对省级党委、政府主要负责人和领导班子综合考核评价的重要依据。

第九条 参与考核工作的中央部门应当严守考核工作纪律，坚持原则、公道正派、敢于担当，保证考核结果的公正性和公信力。各省（自治区、直辖市）应当及时、准确提供相关数据、资料和情况，主动配合开展相关工作，确保考核顺利进行。对不负责任、造成考核结果失真失实的，应当追究责任。

第十条 各省（自治区、直辖市）应当参照本办法，结合本地区实际制定相关办法，加强对本地区各级扶贫开发工作的考核。

第十一条 本办法由国务院扶贫办商中央组织部负责解释。

第十二条 本办法自 2016 年 2 月 9 日起施行。2012 年 1 月 6 日印发的《扶贫开发工作考核办法（试行）》同时废止。

附件：省级党委和政府扶贫开发工作成效考核指标（略）

扶贫开发最新政策

中国农村扶贫开发纲要 (2011—2020 年)

（2011 年 12 月中共中央、国务院印发）

为进一步加快贫困地区发展，促进共同富裕，实现到 2020 年全面建成小康社会奋斗目标，特制定本纲要。

序 言

（一）扶贫事业取得巨大成就。消除贫困、实现共同富裕，是社会主义制度的本质要求。改革开放以来，我国大力推进扶贫开发，特别是随着《国家八七扶贫攻坚计划（1994—2000年）》和《中国农村扶贫开发纲要（2001—2010 年）》的实施，扶贫事业取得了巨大成就。农村贫困人口大幅减少，收入水平稳步提高，贫困地区基础设施明显改善，社会事业不断进步，最低生活保障制度全面建立，农村居民生存和温饱问题基本解决，探索出一条中国特色扶贫开发道路，为促进我国经济发展、政治稳定、民族团结、边疆巩固、社会和谐发挥了重要作用，为推动全球减贫事业发展作出了重大贡献。

（二）扶贫开发是长期历史任务。我国仍处于并将长期处于社会主义初级阶段。经济社会发展总体水平不高，区域发展不平衡问题突出，制约贫困地区发展的深层次矛盾依然存在。扶贫对象规模大，相对贫困问题凸显，返贫现象时有发生，贫困地区特别是集中连片特殊困难地区（以下简称连片特困地区）发展相对滞后，扶贫开发任务仍十分艰巨。同时，我国工业化、信息化、城镇化、市场化、国际化不断深入，经济发展方式加快转变，国民经济保持平稳较快发展，综合国力明显增强，社会保障体系逐步健全，为扶贫开发创造了有利环境和条件。我国扶贫开发已经从以解决温饱为主要任务的阶段转入巩固温饱成果、加快脱贫致富、改善生态环境、提高发展能力、缩小发展差距的新阶段。

（三）深入推进扶贫开发意义重大。扶贫开发事关巩固党的执政基础，事关国家长治久安，事关社会主义现代化大局。深入推进扶贫开发，是建设中国特色社会主义的重要任务，是深入贯彻落实科学发展观的必然要求，是坚持以人为本、执政为民的重要体现，是统筹城乡区域发展、保障和改善民生、缩小发展差距、促进全体人民共享改革发展成果的重大举措，是全面建设小康社会、构建社会主义和谐社会的迫切需要。必须以更大的决心、更强的力度、更有效的举措，打好新一轮扶贫开发攻坚战，确保全国人民共同实现全面小康。

一、总体要求

（四）指导思想。高举中国特色社会主义伟大旗帜，以邓小平理论和"三个代表"重要思想为指导，深入贯彻落实科学发展观，提高扶贫标准，加大投入力度，把连片特困地区作为主战场，把稳定解决扶贫对象温饱、尽快实现脱贫致富作为首要任务，坚持政府主导，坚持统筹发展，更加注重转变经济发展方式，更加注重增强扶贫对象自我发展能力，更加注重基本公共服务均等化，更加注重解决制约发展的突出问题，努力推动贫困地区经济社会更好更快发展。

（五）工作方针。坚持开发式扶贫方针，实行扶贫开发和农村最低生活保障制度有效衔接。把扶贫开发作为脱贫致富的主要途径，鼓励和帮助有劳动能力的扶贫对象通过自身努力摆脱贫困；把社会保障作为解决温饱问题的基本手段，逐步完善社会保障体系。

（六）基本原则。

——政府主导，分级负责。各级政府对本行政区域内扶贫开发工作负总责，把扶贫开发纳入经济社会发展战略及总体规划。实行扶贫开发目标责任制和考核评价制度。

——突出重点，分类指导。中央重点支持连片特困地区。加大对革命老区、民族地区、边疆地区扶持力度。根据不同地区经济社会发展水平，因地制宜制定扶贫政策，实行有差异的扶持措施。

——部门协作，合力推进。各相关部门要根据国家扶贫开发战略部署，结合各自职能，在制定政策、编制规划、分配资金、安排项目时向贫困地区倾斜，形成扶贫开发合力。

——自力更生，艰苦奋斗。加强引导，更新观念，充分发挥贫困地区、扶贫对象的主动性和创造性，尊重扶贫对象的主体地位，提高其自我管理水平和发展能力，立足自身实现脱贫致富。

——社会帮扶，共同致富。广泛动员社会各界参与扶贫开发，完善机制，拓展领域，注重实效，提高水平。强化政策措施，鼓励先富帮后富，实现共同富裕。

——统筹兼顾，科学发展。坚持扶贫开发与推进城镇化、建设社会主义新农村相结合，与生态建设、环境保护相结合，充分发挥贫困地区资源优势，发展环境友好型产业，增强防灾减灾能力，提倡健康科学生活方式，促进经济社会发展与人口资源环境相协调。

——改革创新，扩大开放。适应社会主义市场经济要求，创新扶贫工作机制。扩大对内对外开放，共享减贫经验和资源。继续办好扶贫改革试验区，积极探索开放式扶贫新途径。

二、目标任务

（七）总体目标。到 2020 年，稳定实现扶贫对象不愁吃、不愁穿，保障其义务教育、基本医疗和住房。贫困地区农民人均纯收入增长幅度高于全国平均水平，基本公共服务主要领域指标接近全国平均水平，扭转发展差距扩大趋势。

（八）主要任务。

——基本农田和农田水利。到 2015 年，贫困地区基本农田和农田水利设施有较大改善，保障人均基本口粮田。到 2020 年，农田基础设施建设水平明显提高。

——特色优势产业。到 2015 年，力争实现 1 户 1 项增收项目。到 2020 年，初步构建特色支柱产业体系。

——饮水安全。到 2015 年，贫困地区农村饮水安全问题基本得到解决。到 2020 年，农村饮水安全保障程度和自来水普及率进一步提高。

——生产生活用电。到 2015 年，全面解决贫困地区无电行政村用电问题，大幅度减少西部偏远地区和民族地区无电人口数量。到 2020 年，全面解决无电人口用电问题。

——交通。到 2015 年，提高贫困地区县城通二级及以上高等级公路比例，除西藏外，西部地区 80% 的建制村通沥青（水泥）路，稳步提高贫困地区农村客运班车通达率。到 2020 年，实现具备条件的建制村通沥青（水泥）路，推进村庄内道路硬化，实现村村通班车，全面提高农村公路服务水平和防灾抗灾能力。

——农村危房改造。到 2015 年，完成农村困难家庭危房改造 800 万户。到 2020 年，贫困地区群众的居住条件得到显著改善。

——教育。到 2015 年，贫困地区学前三年教育毛入园率有较大提高；巩固提高九年义务教育水平；高中阶段教育毛入学率达到 80%；保持普通高中和中等职业学校招生规模大体相当；提高农村实用技术和劳动力转移培训水平；扫除青壮年文盲。到 2020 年，基本普及学前教育，义务教育水平进一步提高，普及高中阶段教育，加快发展远程继续教育和社区教育。

——医疗卫生。到 2015 年，贫困地区县、乡、村三级医疗卫生服务网基本健全，县级医院的能力和水平明显提高，每个乡镇有 1 所政府举办的卫生院，每个行政村有卫生室；新型农村合作医疗参合率稳定在 90% 以上，门诊统筹全覆盖基本实现；逐步提高儿童重大疾病的保障水平，重大传染病和地方病得到有效控制；每个乡镇卫生院有 1 名全科医生。到 2020 年，贫困地区群众获得公共卫生和基本医疗服务更加均等。

——公共文化。到 2015 年，基本建立广播影视公共服务体系，实现已通电 20 户以下自然村广播电视全覆盖，基本实现广播电视户户通，力争实现每个县拥有 1 家数字电影院，每个行政村每月放映 1 场数字电影；行政村基本通宽带，自然村和交通沿线通信信号基本覆盖。到 2020 年，健全完善广播影视公共服务体系，全面实现广播电视户户通；自然村基本实现通宽带；健全农村公共文化服务体系，基本实现每个国家扶贫开发工作重点县（以下简称重点县）有图书馆、文化馆，乡镇有综合文化站，行政村有文化活动室。以公共文化建设促进农村廉政文化建设。

——社会保障。到 2015 年，农村最低生活保障制度、五保供养制度和临时救助制度进一步完善，实现新型农村社会养老保险制度全覆盖。到 2020 年，农村社会保障和服务水平进一步提升。

——人口和计划生育。到 2015 年，力争重点县人口自然增长率控制在 8‰以内，妇女总和生育率在 1.8 左右。到 2020 年，重点县低生育水平持续稳定，逐步实现人口均衡发展。

——林业和生态。到 2015 年，贫困地区森林覆盖率比 2010 年底增加 1.5 个百分点。到 2020 年，森林覆盖率比 2010 年底增加 3.5 个百分点。

三、对象范围

（九）扶贫对象。在扶贫标准以下具备劳动能力的农村人口为扶贫工作主要对象。建立健全扶贫对象识别机制，做好建档立卡工作，实行动态管理，确保扶贫对象得到有效扶持。逐步提高国家扶贫标准。各省（自治区、直辖市）可根据当地实际制定高于国家扶贫标准的地区扶贫标准。

（十）连片特困地区。六盘山区、秦巴山区、武陵山区、乌蒙山区、滇桂黔石漠化区、滇西边境山区、大兴安岭南麓山区、燕山-太行山区、吕梁山区、大别山区、罗霄山区等区域的连片特困地区和已明确实施特殊政策的西藏、四省藏区、新疆南疆三地州是扶贫攻坚主战场。加大投入和支持力度，加强对跨省片区规划的指导和协调，集中力量，分批实施。各省（自治区、直辖市）对所属连片特困地区负总责，在国家指导下，以县为基础制定和实施扶贫攻坚工程规划。国务院各部门、地方各级政府要加大统筹协调力度，集中实施一批教育、卫生、文化、就业、社会保障等民生工程，大力改善生产生活条件，培育壮大一批特色优势产业，加快区域性重要基础设施建设步伐，加强生态建设和环境保护，着力解决制约发展的瓶颈问题，促进基本公共服务均等化，从根本上改变连片特困地区面貌。各省（自治区、直辖市）可自行确定若干连片特困地区，统筹资源给予重点扶持。

（十一）重点县和贫困村。要做好连片特困地区以外重点县和贫困村的扶贫工作。原定重点县支持政策不变。各省（自治区、直辖市）要制定办法，采取措施，根据实际情况进行调整，实现重点县数量逐步减少。重点县减少的省份，国家的支持力度不减。

四、专项扶贫

（十二）易地扶贫搬迁。坚持自愿原则，对生存条件恶劣地区扶贫对象实行易地扶贫搬迁。引导其他移民搬迁项目优先在符合条件的贫困地区实施，加强与易地扶贫搬迁项目的衔接，共同促进改善贫困群众的生产生活环境。充分考虑资源条件，因地制宜，有序搬迁，改善生存与发展条件，着力培育和发展后续产业。有条件的地方引导向中小城镇、工业园区移民，创造就业机会，提高就业能力。加强统筹协调，切实解决搬迁群众在生产生活等方面的困难和问题，确保搬得出、稳得住、能发展、可致富。

（十三）整村推进。结合社会主义新农村建设，自下而上制定整村推进规划，分期分批实施。发展特色支柱产业，改善生产生活条件，增加集体经济收入，提高自我发展能力。以县为平台，统筹各类涉农资金和社会帮扶资源，集中投入，实施水、电、路、气、房和环境改善"六到农家"工程，建设公益设施较为完善的农村社区。加强整村推进后续管理，健全新型社区管理和服务体制，巩固提高扶贫开发成果。贫困村相对集中的地方，可实行整乡推进、连片开发。

（十四）以工代赈。大力实施以工代赈，有效改善贫困地区耕地（草场）质量，稳步增加有效灌溉面积。加强乡村（组）道路和人畜饮水工程建设，开展水土保持、小流域治理和片区综合开发，增强抵御自然灾害能力，夯实发展基础。

（十五）产业扶贫。充分发挥贫困地区生态环境和自然资源优势，推广先进实用技术，培植壮大特色支柱产业，大力推进旅游扶贫。促进产业结构调整，通过扶贫龙头企业、农民专业合作社和互助资金组织，带动和帮助贫困农户发展生产。引导和支持企业到贫困地区投资兴业，带动贫困农户增收。

（十六）就业促进。完善雨露计划。以促进扶贫对象稳定就业为核心，对农村贫困家庭未继续升学的应届初、高中毕业生参加劳动预备制培训，给予一定的生活费补贴；对农村贫困家庭新成长劳动力接受中等职业教育给予生活费、交通费等特殊补贴。对农村贫困劳动力开展实用技术培训。加大对农村贫困残疾人就业的扶持力度。

（十七）扶贫试点。创新扶贫开发机制，针对特殊情况和问题，积极开展边境地区扶贫、地方病防治与扶贫开发结合、灾后恢复重建以及其他特困区域和群体扶贫试点，扩大互助资金、连片开发、彩票公益金扶贫、科技扶贫等试点。

（十八）革命老区建设。国家对贫困地区的革命老区县给予重点扶持。

五、行业扶贫

（十九）明确部门职责。各行业部门要把改善贫困地区发展环境和条件作为本行业发展规划的重要内容，在资金、项目等方面向贫困地区倾斜，并完成本行业国家确定的扶贫任务。

（二十）发展特色产业。加强农、林、牧、渔产业指导，发展各类专业合作组织，完善农村社会化服务体系。围绕主导产品、名牌产品、优势产品，大力扶持建设各类批发市场和边贸市场。按照全国主体功能区规划，合理开发当地资源，积极发展新兴产业，承接产业转移，调整产业结构，增强贫困地区发展内生动力。

（二十一）开展科技扶贫。积极推广良种良法。围绕特色产业发展，加大科技攻关和科技成果转化力度，推动产业升级和结构优化。培育一批科技型扶贫龙头企业。建立完善符合贫困地区实际的新型科技服务体系，加快科技扶贫示范村和示范户建设。继续选派科技扶贫团、科技副县（市）长和科技副乡（镇）长、科技特派员到重点县工作。

（二十二）完善基础设施。推进贫困地区土地整治，加快中低产田改造，开展土地平整，提高耕地质量。推进大中型灌区续建配套与节水改造和小型农田水利建设，发展高效节水灌溉，扶持修建小微型水利设施，抓好病险水库（闸）除险加固工程和灌溉排水泵站更新改造，加强中小河流治理、山洪地质灾害防治及水土流失综合治理。积极实施农村饮水安全工程。加大牧区游牧民定居工程实施力度。加快贫困地区通乡、通村道路建设，积极发展农村配送物流。继续推进水电新农村电气化、小水电代燃料工程建设和农村电网改造升级，实现城乡用电同网同价。普及信息服务，优先实施重点县村村通有线电视、电话、互联网工程。加快农村邮政网络建设，推进电信网、广电网、互联网三网融合。

（二十三）发展教育文化事业。推进边远贫困地区适当集中办学，加快寄宿制学校建设，加大对边远贫困地区学前教育的扶持力度，逐步提高农村义务教育家庭经济困难寄宿生生活补助标准。免除中等职业教育学校家庭经济困难学生和涉农专业学生学费，继续落实国家助学金政策。在民族地区全面推广国家通用语言文字。推动农村中小学生营养改善工作。关心特殊教育，加大对各级各类残疾学生扶助力度。继续实施东部地区对口支援中西部地区高等学校计划和招生协作计划。贫困地区劳动力进城务工，输出地和输入地要积极开展就业培训。继续推进广播电视村村通、农村电影放映、文化信息资源共享和农家书屋等重大文化惠民工程建设。加强基层文化队伍建设。

（二十四）改善公共卫生和人口服务管理。提高新型农合作医疗和医疗救助保障水平。进一步健全贫困地区基层医疗卫生服务体系，改善医疗与康复服务设施条件。加强妇幼保健机构能力建设。加大重大疾病和地方病防控力度。继续实施万名医师支援农村卫生工程，组织城市医务人员在农村开展诊疗服务、临床教学、技术培训等多种形式的帮扶活动，提高县医院和乡镇卫生院的技术水平和服务能力。加强贫困地区人口和计划生育工作，进一步完善农村计划生育家庭奖励扶助制度、"少生快富"工程和计划生育家庭特别扶助制度，加大对计划生育扶贫对象的扶持力度，加强流动人口计划生育服务管理。

（二十五）完善社会保障制度。逐步提高农村最低生活保障和五保供养水平，切实保障没有劳动能力和生活常年困难农村人口的基本生活。健全自然灾害应急救助体系，完善受灾群众生活救助政策。加快新型农村社会养老保险制度覆盖进度，支持贫困地区加强社会保障服务体系建设。加快农村养老机构和服务设施建设，支持贫困地区建立健全养老服务体系，解决广大老年人养老问题。加快贫困地区社区建设。做好村庄规划，扩大农村危房改造试点，帮助贫困户解决基本住房安全问题。完善农民工就业、社会保障和户籍制度改革等政策。

（二十六）重视能源和生态环境建设。加快贫困地区可再生能源开发利用，因地制宜发展小水电、太阳能、风能、生物质能，推广应用沼气、节能灶、固体成型燃料、秸秆气化集中供气站等生态能源建设项目，带动改水、改厨、改厕、改圈和秸秆综合利用。提高城镇生活污水和垃圾无害化处理率，加大农村环境综合整治力度。加强草原保护和建设,加强自然保护区建设和管理,大力支持退牧还草工程。采取禁牧、休牧、轮牧等措施,恢复天然草原植被和生态功能。加大泥石流、山体滑坡、崩塌等地质灾害防治力度,重点抓好灾害易发区内的监测预警、搬迁避让、工程治理等综合防治措施。

六、社会扶贫

(二十七)加强定点扶贫。中央和国家机关各部门各单位、人民团体、参照公务员法管理的事业单位和国有大型骨干企业、国有控股金融机构、国家重点科研院校、军队和武警部队,要积极参加定点扶贫,承担相应的定点扶贫任务。支持各民主党派中央、全国工商联参与定点扶贫工作。积极鼓励、引导、支持和帮助各类非公有制企业、社会组织承担定点扶贫任务。定点扶贫力争对重点县全覆盖。各定点扶贫单位要制定帮扶规划,积极筹措资金,定期选派优秀中青年干部挂职扶贫。地方各级党政机关和有关单位要切实做好定点扶贫工作,发挥党政领导定点帮扶的示范效应。

(二十八)推进东西部扶贫协作。东西部扶贫协作双方要制定规划,在资金支持、产业发展、干部交流、人员培训以及劳动力转移就业等方面积极配合,发挥贫困地区自然资源和劳动力资源优势,做好对口帮扶工作。国家有关部门组织的行业对口帮扶,应与东西部扶贫协作结对关系相衔接。积极推进东中部地区支援西藏、新疆经济社会发展,继续完善对口帮扶的制度和措施。各省(自治区、直辖市)要根据实际情况,在当地组织开展区域性结对帮扶工作。

（二十九）发挥军队和武警部队的作用。坚持把地方扶贫开发所需与部队所能结合起来。部队应本着就地就近、量力而行、有所作为的原则，充分发挥组织严密、突击力强和人才、科技、装备等优势，积极参与地方扶贫开发，实现军地优势互补。

（三十）动员企业和社会各界参与扶贫。大力倡导企业社会责任，鼓励企业采取多种方式，推进集体经济发展和农民增收。加强规划引导，鼓励社会组织和个人通过多种方式参与扶贫开发。积极倡导扶贫志愿者行动，构建扶贫志愿者服务网络。鼓励工会、共青团、妇联、科协、侨联等群众组织以及海外华人华侨参与扶贫。

七、国际合作

（三十一）开展国际交流合作。通过走出去、引进来等多种方式，创新机制，拓宽渠道，加强国际反贫困领域交流。借鉴国际社会减贫理论和实践，开展减贫项目合作，共享减贫经验，共同促进减贫事业发展。

八、政策保障

（三十二）政策体系。完善有利于贫困地区、扶贫对象的扶贫战略和政策体系。发挥专项扶贫、行业扶贫和社会扶贫的综合效益。实现开发扶贫与社会保障的有机结合。对扶贫工作可能产生较大影响的重大政策和项目，要进行贫困影响评估。

（三十三）财税支持。中央和地方财政逐步增加扶贫开发投入。中央财政扶贫资金的新增部分主要用于连片特困地区。

加大中央和省级财政对贫困地区的一般性转移支付力度。加大中央集中彩票公益金支持扶贫开发事业的力度。对贫困地区属于国家鼓励发展的内外资投资项目和中西部地区外商投资优势产业项目，进口国内不能生产的自用设备，以及按照合同随设备进口的技术及配件、备件，在规定范围内免征关税。企业用于扶贫事业的捐赠，符合税法规定条件的，可按规定在所得税税前扣除。

（三十四）投资倾斜。加大贫困地区基础设施建设、生态环境和民生工程等投入力度，加大村级公路建设、农业综合开发、土地整治、小流域与水土流失治理、农村水电建设等支持力度。国家在贫困地区安排的病险水库除险加固、生态建设、农村饮水安全、大中型灌区配套改造等公益性建设项目，取消县以下（含县）以及西部地区连片特困地区配套资金。各级政府都要加大对连片特困地区的投资支持力度。

（三十五）金融服务。继续完善国家扶贫贴息贷款政策。积极推动贫困地区金融产品和服务方式创新，鼓励开展小额信用贷款，努力满足扶贫对象发展生产的资金需求。继续实施残疾人康复扶贫贷款项目。尽快实现贫困地区金融机构空白乡镇的金融服务全覆盖。引导民间借贷规范发展，多方面拓宽贫困地区融资渠道。鼓励和支持贫困地区县域法人金融机构将新增可贷资金70%以上留在当地使用。积极发展农村保险事业，鼓励保险机构在贫困地区建立基层服务网点。完善中央财政农业保险保费补贴政策。针对贫困地区特色主导产业，鼓励地方发展特色农业保险。加强贫困地区农村信用体系建设。

（三十六）产业扶持。落实国家西部大开发各项产业政策。国家大型项目、重点工程和新兴产业要优先向符合条件的贫困地区安排。引导劳动密集型产业向贫困地区转移。加强贫困地区市场建设。支持贫困地区资源合理开发利用，完善特色优势产业支持政策。

（三十七）土地使用。按照国家耕地保护和农村土地利用管理有关制度规定，新增建设用地指标要优先满足贫困地区易地扶贫搬迁建房需求，合理安排小城镇和产业聚集区建设用地。加大土地整治力度，在项目安排上，向有条件的重点县倾斜。在保护生态环境的前提下支持贫困地区合理有序开发利用矿产资源。

（三十八）生态建设。在贫困地区继续实施退耕还林、退牧还草、水土保持、天然林保护、防护林体系建设和石漠化、荒漠化治理等重点生态修复工程。建立生态补偿机制，并重点向贫困地区倾斜。加大重点生态功能区生态补偿力度。重视贫困地区的生物多样性保护。

（三十九）人才保障。组织教育、科技、文化、卫生等行业人员和志愿者到贫困地区服务。制定大专院校、科研院所、医疗机构为贫困地区培养人才的鼓励政策。引导大中专毕业生到贫困地区就业创业。对长期在贫困地区工作的干部要制定鼓励政策，对各类专业技术人员在职务、职称等方面实行倾斜政策，对定点扶贫和东西部扶贫协作挂职干部要关心爱护，妥善安排他们的工作、生活，充分发挥他们的作用。发挥创业人才在扶贫开发中的作用。加大贫困地区干部和农村实用人才的培训力度。

（四十）重点群体。把对少数民族、妇女儿童和残疾人的扶贫开发纳入规划，统一组织，同步实施，同等条件下优先安排，加大支持力度。继续开展兴边富民行动，帮助人口较少民族脱贫致富。推动贫困家庭妇女积极参与全国妇女"双学双比"活动，关注留守妇女和儿童的贫困问题。制定实施农村残疾人扶贫开发纲要（2011—2020 年），提高农村残疾人生存和发展能力。

九、组织领导

（四十一）强化扶贫开发责任。坚持中央统筹、省负总责、县抓落实的管理体制，建立片为重点、工作到村、扶贫到户的工作机制，实行党政一把手负总责的扶贫开发工作责任制。各级党委和政府要进一步提高认识，强化扶贫开发领导小组综合协调职能，加强领导，统一部署，加大省县统筹、资源整合力度，扎实推进各项工作。进一步完善对有关党政领导干部、工作部门和重点县的扶贫开发工作考核激励机制，各级组织部门要积极配合。东部地区各省（直辖市）要进一步加大对所属贫困地区和扶贫对象的扶持力度。鼓励和支持有条件的地方探索解决城镇化进程中的贫困问题。

（四十二）加强基层组织建设。充分发挥贫困地区基层党组织的战斗堡垒作用，把扶贫开发与基层组织建设有机结合起来。选好配强村级领导班子，以强村富民为目标，以强基固本为保证，积极探索发展壮大集体经济、增加村级集体积累的有效途径，拓宽群众增收致富渠道。鼓励和选派思想好、作风正、能力强、愿意为群众服务的优秀年轻干部、退伍军人、高校毕业生到贫困村工作，帮助建班子、带队伍、抓发展。带领贫困群众脱贫致富有突出成绩的村干部，可按有关规定和条件优先考录为公务员。

（四十三）加强扶贫机构队伍建设。各级扶贫开发领导小组要加强对扶贫开发工作的指导，研究制定政策措施，协调落实各项工作。各省（自治区、直辖市）扶贫开发领导小组每年要向国务院扶贫开发领导小组报告工作。要进一步强化各级扶贫机构及其职能，加强队伍建设，改善工作条件，提高管理水平。贫困程度深的乡镇要有专门干部负责扶贫开发工作。贫困地区县级领导干部和县以上扶贫部门干部的培训要纳入各级党政干部培训规划。各级扶贫部门要大力加强思想、作风、廉政和效能建设，提高执行能力。

（四十四）加强扶贫资金使用管理。财政扶贫资金主要投向连片特困地区、重点县和贫困村，集中用于培育特色优势产业、提高扶贫对象发展能力和改善扶贫对象基本生产生活条件，逐步增加直接扶持到户资金规模。创新扶贫资金到户扶持机制，采取多种方式，使扶贫对象得到直接有效扶持。使用扶贫资金的基础设施建设项目，要确保扶贫对象优先受益，产业扶贫项目要建立健全带动贫困户脱贫增收的利益联接机制。完善扶贫资金和项目管理办法，开展绩效考评。建立健全协调统一的扶贫资金管理机制。全面推行扶贫资金项目公告公示制，强化审计监督，拓宽监管渠道，坚决查处挤占挪用、截留和贪污扶贫资金的行为。

（四十五）加强扶贫研究和宣传工作。切实加强扶贫理论和政策研究，对扶贫实践进行系统总结，逐步完善中国特色扶贫理论和政策体系。深入实际调查研究，不断提高扶贫开发决策水平和实施能力。把扶贫纳入基本国情教育范畴，作为各级领导干部和公务员教育培训的重要内容、学校教育的参考材料。继续加大扶贫宣传力度，广泛宣传扶贫开发政策、成就、经验和典型事迹，营造全社会参与扶贫的良好氛围。同时，向国际社会展示我国政府保障人民生存权、发展权的努力与成效。

（四十六）加强扶贫统计与贫困监测。建立扶贫开发信息系统，开展对连片特困地区的贫困监测。进一步完善扶贫开发统计与贫困监测制度，不断规范相关信息的采集、整理、反馈和发布工作，更加及时客观反映贫困状况、变化趋势和扶贫开发工作成效，为科学决策提供依据。

（四十七）加强法制化建设。加快扶贫立法，使扶贫工作尽快走上法制化轨道。

（四十八）各省（自治区、直辖市）要根据本纲要，制定具体实施办法。

（四十九）本纲要由国家扶贫开发工作机构负责协调并组织实施。

关于做好农村最低生活保障制度与
扶贫开发政策有效衔接的指导意见

国务院办公厅转发民政部等部门关于做好

农村最低生活保障制度与扶贫开发政策

有效衔接指导意见的通知

国办发〔2016〕70号

各省、自治区、直辖市人民政府，国务院各部委、各直属机构：

民政部、国务院扶贫办、中央农办、财政部、国家统计局、中国残联《关于做好农村最低生活保障制度与扶贫开发政策有效衔接的指导意见》已经国务院同意，现转发给你们，请认真贯彻执行。

国务院办公厅

2016年9月17日

为贯彻落实党中央、国务院关于打赢脱贫攻坚战的决策部署，切实做好农村最低生活保障（以下简称低保）制度与扶贫开发政策有效衔接工作，确保到2020年现行扶贫标准下农村贫困人口实现脱贫，制定本意见。

一、总体要求

(一)指导思想。全面贯彻党的十八大和十八届三中、四中、五中全会精神,深入贯彻习近平总书记系列重要讲话精神特别是关于扶贫开发重要指示精神,认真落实党中央、国务院决策部署,紧紧围绕"五位一体"总体布局和"四个全面"战略布局,牢固树立创新、协调、绿色、开放、共享的发展理念,坚持精准扶贫精准脱贫基本方略,以制度有效衔接为重点,加强部门协作,完善政策措施,健全工作机制,形成制度合力,充分发挥农村低保制度在打赢脱贫攻坚战中的兜底保障作用。

(二)基本原则。

坚持应扶尽扶。精准识别农村贫困人口,将符合条件的农村低保对象全部纳入建档立卡范围,给予政策扶持,帮助其脱贫增收。

坚持应保尽保。健全农村低保制度,完善农村低保对象认定办法,加强农村低保家庭经济状况核查,及时将符合条件的建档立卡贫困户全部纳入农村低保范围,保障其基本生活。

坚持动态管理。做好农村低保对象和建档立卡贫困人口定期核查,建立精准台账,实现应进则进、应退则退。建立健全严格、规范、透明的贫困户脱贫和低保退出标准、程序、核查办法。

坚持资源统筹。统筹各类救助、扶贫资源,将政府兜底保障与扶贫开发政策相结合,形成脱贫攻坚合力,实现对农村贫困人口的全面扶持。

（三）主要目标。通过农村低保制度与扶贫开发政策的有效衔接，形成政策合力，对符合低保标准的农村贫困人口实行政策性保障兜底，确保到 2020 年现行扶贫标准下农村贫困人口全部脱贫。

二、重点任务

（一）加强政策衔接。在坚持依法行政、保持政策连续性的基础上，着力加强农村低保制度与扶贫开发政策衔接。对符合农村低保条件的建档立卡贫困户，按规定程序纳入低保范围，并按照家庭人均收入低于当地低保标准的差额发给低保金。对符合扶贫条件的农村低保家庭，按规定程序纳入建档立卡范围，并针对不同致贫原因予以精准帮扶。对返贫的家庭，按规定程序审核后，相应纳入临时救助、医疗救助、农村低保等社会救助制度和建档立卡贫困户扶贫开发政策覆盖范围。对不在建档立卡范围内的农村低保家庭、特困人员，各地统筹使用相关扶贫开发政策。贫困人口参加农村基本医疗保险的个人缴费部分由财政给予补贴，对基本医疗保险和大病保险支付后个人自负费用仍有困难的，加大医疗救助、临时救助、慈善救助等帮扶力度，符合条件的纳入重特大疾病医疗救助范围。对农村低保家庭中的老年人、未成年人、重度残疾人、重病患者等重点救助对象，要采取多种措施提高救助水平，保障其基本生活，严格落实困难残疾人生活补贴制度和重度残疾人护理补贴制度。

（二）加强对象衔接。县级民政、扶贫等部门和残联要密切配合，加强农村低保和扶贫开发在对象认定上的衔接。完善农村低保家庭贫困状况评估指标体系，以家庭收入、财产作为主要指标，根据地方实际情况适当考虑家庭成员因残疾、患重病等增加的刚性支出因素，综合评估家庭贫困程度。进一步完善农村低保和建档立卡贫困家庭经济状况核查机制，明确核算范围和计算方法。对参与扶贫开发项目实现就业的农村低保家庭，在核算其家庭收入时，可以扣减必要的就业成本，具体扣减办法由各地根据实际情况研究制定。"十三五"期间，在农村低保和扶贫对象认定时，中央确定的农村居民基本养老保险基础养老金暂不计入家庭收入。

（三）加强标准衔接。各地要加大省级统筹工作力度，制定农村低保标准动态调整方案，确保所有地方农村低保标准逐步达到国家扶贫标准。农村低保标准低于国家扶贫标准的地方，要按照国家扶贫标准综合确定农村低保的最低指导标准。农村低保标准已经达到国家扶贫标准的地方，要按照动态调整机制科学调整。进一步完善农村低保标准与物价上涨挂钩的联动机制，确保困难群众不因物价上涨影响基本生活。各地农村低保标准调整后应及时向社会公布，接受社会监督。

（四）加强管理衔接。对农村低保对象和建档立卡贫困人口实施动态管理。乡镇人民政府（街道办事处）要会同村（居）民委员会定期、不定期开展走访调查，及时掌握农村低保家庭、特困人员和建档立卡贫困家庭人口、收入、财产变化情况，并及时上报县级民政、扶贫部门。县级民政部门要将农村低保对象、特困人员名单提供给同级扶贫部门；县级扶贫部门要将建档立卡贫困人口名单和脱贫农村低保对象名单、脱贫家庭人均收入等情况及时提供给同级民政部门。健全信息公开机制，乡镇人民政府（街道办事处）要将农村低保和扶贫开发情况纳入政府信息公开范围，将建档立卡贫困人口和农村低保对象、特困人员名单在其居住地公示，接受社会和群众监督。

三、工作要求

（一）制定实施方案。按照中央统筹、省负总责、市县抓落实的工作机制，各省（区、市）民政、扶贫部门要会同有关部门抓紧制定本地区实施方案，各市县要进一步明确衔接工作目标、重点任务、实施步骤和行动措施，确保落到实处。2016年11月底前，各省（区、市）民政、扶贫部门要将实施方案报民政部、国务院扶贫办备案。

（二）开展摸底调查。2016年12月底前，县级民政、扶贫部门和残联要指导乡镇人民政府（街道办事处）抓紧开展一次农村低保对象和建档立卡贫困人口台账比对，逐户核对农村低保对象和建档立卡贫困人口，掌握纳入建档立卡范围的农村低保对象、特困人员、残疾人数据，摸清建档立卡贫困人口中完全或部分丧失劳动能力的贫困家庭情况，为做好农村低保制度与扶贫开发政策有效衔接奠定基础。

（三）建立沟通机制。各地要加快健全低保信息系统和扶贫开发信息系统，逐步实现低保和扶贫开发信息系统互联互通、信息共享，不断提高低保、扶贫工作信息化水平。县级残联要与民政、扶贫等部门加强贫困残疾人和重度残疾人相关信息的沟通。县级民政、扶贫部门要定期会商交流农村低保对象和建档立卡贫困人口变化情况，指导乡镇人民政府（街道办事处）及时更新农村低保对象和建档立卡贫困人口数据，加强信息核对，确保信息准确完整、更新及时，每年至少比对一次台账数据。

（四）强化考核监督。各地要将农村低保制度与扶贫开发政策衔接工作分别纳入低保工作绩效评价和脱贫攻坚工作成效考核体系。加大对农村低保制度与扶贫开发政策衔接工作的督促检查力度，加强社会监督，建立第三方评估机制，增强约束力和工作透明度。健全责任追究机制，对衔接工作中出现的违法违纪问题，要依法依纪严肃追究有关人员责任。

四、保障措施

（一）明确职责分工。各地民政、扶贫、农村工作、财政、统计等部门和残联要各负其责，加强沟通协调，定期会商交流情况，研究解决存在的问题。民政部门牵头做好农村低保制度与扶贫开发政策衔接工作；扶贫部门落实扶贫开发政策，配合做好衔接工作；农村工作部门综合指导衔接政策设计工作；财政部门做好相关资金保障工作；统计部门会同有关部门组织实施农村贫困监测，及时提供调整低保标准、扶贫标准所需的相关数据；残联会同有关部门及时核查残疾人情况，配合做好对农村低保对象和建档立卡贫困人口中残疾人的重点帮扶工作。

（二）加强资金统筹。各地财政部门要按照国务院有关要求，结合地方实际情况，推进社会救助资金统筹使用，盘活财政存量资金，增加资金有效供给；优化财政支出结构，科学合理编制预算，提升资金使用效益。中央财政安排的社会救助补助资金，重点向保障任务重、地方财政困难、工作绩效突出的地区倾斜。各地财政、民政部门要加强资金使用管理情况检查，确保资金使用安全、管理规范。

（三）提高工作能力。加强乡镇人民政府（街道办事处）社会救助能力建设，探索建立村级社会救助协理员制度，在乡镇人民政府（街道办事处）现有编制内，根据社会救助对象数量等因素配备相应工作人员，加大业务培训力度，进一步提高基层工作人员服务和管理能力。通过政府购买服务等方式，引入社会力量参与提供农村低保服务。充分发挥第一书记和驻村工作队在落实农村低保制度和扶贫开发政策中的骨干作用。进一步健全社会救助"一门受理、协同办理"工作机制，为农村低保对象和建档立卡贫困人口提供"一站式"便民服务。

（四）强化舆论引导。充分利用新闻媒体和基层政府便民服务窗口、公园广场、医疗机构、村（社区）公示栏等，组织开展有针对性的农村低保制度和扶贫开发政策宣传活动，在全社会努力营造积极参与和支持的浓厚氛围。坚持正确舆论导向，积极弘扬正能量，着力增强贫困群众脱贫信心，鼓励贫困群众在政府扶持下依靠自我奋斗实现脱贫致富。

国务院办公厅关于进一步动员社会各方面力量参与扶贫开发的意见

国办发〔2014〕58号

各省、自治区、直辖市人民政府，国务院各部委、各直属机构：

广泛动员全社会力量共同参与扶贫开发，是我国扶贫开发事业的成功经验，是中国特色扶贫开发道路的重要特征。改革开放以来，各级党政机关、军队和武警部队、国有企事业单位等率先开展定点扶贫，东部发达地区与西部贫困地区结对扶贫协作，对推动社会扶贫发挥了重要引领作用。民营企业、社会组织和个人通过多种方式积极参与扶贫开发，社会扶贫日益显示出巨大发展潜力。但还存在着组织动员不够、政策支持不足、体制机制不完善等问题。为打好新时期扶贫攻坚战，进一步动员社会各方面力量参与扶贫开发，全面推进社会扶贫体制机制创新，经国务院同意，现提出以下意见：

一、总体要求和基本原则

（一）总体要求。坚持以邓小平理论、"三个代表"重要思想、科学发展观为指导，深入贯彻党的十八大和十八届二中、三中、四中全会精神，全面落实党中央、国务院关于扶贫开发的决策部署，大力弘扬社会主义核心价值观，大兴友善互助、守望相助的社会风尚，创新完善人人皆愿为、人人皆可为、人人皆能为的社会扶贫参与机制，形成政府、市场、社会协同推进的大扶贫格局。

（二）基本原则。

——坚持政府引导。健全组织动员机制，搭建社会参与平台，完善政策支撑体系，营造良好社会氛围。

——坚持多元主体。充分发挥各类市场主体、社会组织和社会各界作用，多种形式推进，形成强大合力。

——坚持群众参与。充分尊重帮扶双方意愿，促进交流互动，激发贫困群众内生动力，充分调动社会各方面力量参与扶贫的积极性。

——坚持精准扶贫。推动社会扶贫资源动员规范化、配置精准化和使用专业化，真扶贫、扶真贫，切实惠及贫困群众。

二、培育多元社会扶贫主体

（三）大力倡导民营企业扶贫。鼓励民营企业积极承担社会责任，充分激发市场活力，发挥资金、技术、市场、管理等优势，通过资源开发、产业培育、市场开拓、村企共建等多种形式到贫困地区投资兴业、培训技能、吸纳就业、捐资助贫，参与扶贫开发，发挥辐射和带动作用。

（四）积极引导社会组织扶贫。支持社会团体、基金会、民办非企业单位等各类组织积极从事扶贫开发事业。地方各级政府和有关部门要对社会组织开展扶贫活动提供信息服务、业务指导，鼓励其参与社会扶贫资源动员、配置和使用等环节，建设充满活力的社会组织参与扶贫机制。加强国际减贫交流合作。

（五）广泛动员个人扶贫。积极倡导"我为人人、人人为我"的全民公益理念，开展丰富多样的体验走访等社会实践活动，畅通社会各阶层交流交融、互帮互助的渠道。引导广大社会成员和港澳同胞、台湾同胞、华侨及海外人士，通过爱心捐赠、志愿服务、结对帮扶等多种形式参与扶贫。

（六）深化定点扶贫工作。承担定点扶贫任务的单位要发挥各自优势，多渠道筹措帮扶资源，创新帮扶形式，帮助协调解决定点扶贫地区经济社会发展中的突出问题，做到帮扶重心下移，措施到位有效，直接帮扶到县到村。定期选派优秀中青年干部挂职扶贫、驻村帮扶。定点扶贫单位负责同志要高度重视本单位定点扶贫工作，深入开展调研，加强对定点扶贫工作的组织领导。

（七）强化东西部扶贫协作。协作双方要强化协调联系机制，继续坚持开展市县结对、部门对口帮扶。注重发挥市场机制作用，按照优势互补、互利共赢、长期合作、共同发展的原则，通过政府引导、企业协作、社会帮扶、人才交流、职业培训等多种形式深化全方位扶贫协作，推动产业转型升级，促进贫困地区加快发展，带动贫困群众脱贫致富。协作双方建立定期联系机制，加大协作支持力度。加强东西部地区党政干部、专业技术人才双向挂职交流，引导人才向西部艰苦边远地区流动。各省（区、市）要根据实际情况，在本地区组织开展区域性结对帮扶工作。

三、创新参与方式

（八）开展扶贫志愿行动。鼓励和支持青年学生、专业技术人才、退休人员和社会各界人士参与扶贫志愿者行动，建立扶贫志愿者组织，构建贫困地区扶贫志愿者服务网络。组织和支持各类志愿者参与扶贫调研、支教支医、文化下乡、科技推广等扶贫活动。

（九）打造扶贫公益品牌。继续发挥"光彩事业"、"希望工程"、"母亲水窖"、"幸福工程"、"母亲健康快车"、"贫困地区儿童营养改善"、"春蕾计划"、"集善工程"、"爱心包裹"、"扶贫志愿者行动计划"等扶贫公益品牌效应，积极引导社会各方面资源向贫困地区聚集，动员社会各方面力量参与"雨露计划"、扶贫小额信贷和易地扶贫搬迁等扶贫开发重点项目，不断打造针对贫困地区留守妇女、儿童、老人、残疾人等特殊群体的一对一结对、手拉手帮扶等扶贫公益新品牌。

（十）构建信息服务平台。以贫困村、贫困户建档立卡信息为基础，结合集中连片特殊困难地区区域发展与扶贫攻坚规划，按照科学扶贫、精准扶贫的要求，制定不同层次、不同类别的社会扶贫项目规划，为社会扶贫提供准确的需求信息，推进扶贫资源供给与扶贫需求的有效对接，进一步提高社会扶贫资源配置与使用效率。

（十一）推进政府购买服务。加快推进面向社会购买服务，支持参与社会扶贫的各类主体通过公开竞争的方式，积极参加政府面向社会购买服务工作，政府部门择优确定扶贫项目和具体实施机构。支持社会组织承担扶贫项目的实施。

四、完善保障措施

(十二) 落实优惠政策。按照国家税收法律及有关规定,全面落实扶贫捐赠税前扣除、税收减免等扶贫公益事业税收优惠政策,以及各类市场主体到贫困地区投资兴业、带动就业增收的相关支持政策。降低扶贫社会组织注册门槛,简化登记程序,对符合条件的社会组织给予公益性捐赠税前扣除资格。对积极参与扶贫开发、带动贫困群众脱贫致富、符合信贷条件的各类企业给予信贷支持,并按有关规定给予财政贴息等政策扶持。鼓励有条件的企业自主设立扶贫公益基金。

(十三) 建立激励体系。以国务院扶贫开发领导小组名义定期开展社会扶贫表彰,让积极参与社会扶贫的各类主体政治上有荣誉、事业上有发展、社会上受尊重。对贡献突出的企业、社会组织和各界人士,在尊重其意愿前提下可给予项目冠名等激励措施。

(十四) 加强宣传工作。把扶贫纳入基本国情教育范畴,大力弘扬社会主义核心价值观,开展扶贫系列宣传活动。创新社会扶贫宣传形式,拓宽宣传渠道,加强舆论引导,统筹推进社会扶贫先进事迹宣传报道工作,宣传最美扶贫人物,推出扶贫公益广告,倡导社会扶贫参与理念,营造扶贫济困的浓厚社会氛围。

(十五) 改进管理服务。地方各级政府和有关部门要适应社会扶贫体制机制改革创新需要,深入调查研究,强化服务意识，搭建社会参与平台，提高社会扶贫工作的管理服务能力。完善定点扶贫和东西部扶贫协作工作考核评估制度。加强对社会扶贫资源筹集、配置和使用的规范管理。建立科学、透明的社会扶贫监测评估机制，推动社会扶贫实施第三方监测评估。创新监测评估方法，公开评估结果，增强社会扶贫公信力和影响力。加强贫困地区基层组织建设，开发贫困地区人力资源，提高农村致富带头人和贫困群众的创业就业能力。充分尊重贫困群众的主体地位和首创精神，把贫困地区的内生动力和外部帮扶有机结合，不断提高贫困地区和贫困群众的自我发展能力。

（十六）加强组织动员。国务院各部门和有关单位要密切合作，加强协调动员，按照职能分工落实相关政策，推进各项工作。扶贫部门要加强社会扶贫工作的组织指导和协调服务。财政、税务、金融部门要落实财税和金融支持政策措施。人力资源社会保障部门要落实挂职扶贫干部、驻村帮扶干部和专业技术人员相关待遇。民政部门要将扶贫济困作为促进慈善事业发展的重点领域，支持社会组织加强自身能力建设，提高管理和服务水平。工会、共青团、妇联、残联、工商联要发挥各自优势积极参与扶贫工作。地方各级政府要完善工作体系，建立工作机制，落实工作责任。要汇全国之力、聚各方之财、集全民之智，加快推进扶贫开发进程。

国务院办公厅

2014 年 11 月 19 日

关于进一步加强东西部扶贫
协作工作的指导意见

(2016 年 12 月 7 日中共中央办公厅、国务院办公厅印发)

新华社北京 12 月 7 日电 近日，中共中央办公厅、国务院办公厅印发《关于进一步加强东西部扶贫协作工作的指导意见》，并发出通知，要求各地区各部门结合实际认真贯彻落实。

《关于进一步加强东西部扶贫协作工作的指导意见》全文如下。

东西部扶贫协作和对口支援，是推动区域协调发展、协同发展、共同发展的大战略，是加强区域合作、优化产业布局、拓展对内对外开放新空间的大布局，是打赢脱贫攻坚战、实现先富帮后富、最终实现共同富裕目标的大举措。为全面贯彻落实《中共中央、国务院关于打赢脱贫攻坚战的决定》和中央扶贫开发工作会议、东西部扶贫协作座谈会精神，做好东西部扶贫协作和对口支援工作，现提出如下意见。

一、总体要求

(一) 指导思想。全面贯彻党的十八大和十八届三中、四中、五中、六中全会精神，以习近平总书记扶贫开发重要战略思想为指导，牢固树立新发展理念，坚持精准扶贫、精准脱贫基本方略，进一步强化责任落实、优化结对关系、深化结对帮扶、聚焦脱贫攻坚，提高东西部扶贫协作和对口支援工作水平，推动西部贫困地区与全国一道迈入全面小康社会。

（二）主要目标。经过帮扶双方不懈努力，推进东西部扶贫协作和对口支援工作机制不断健全，合作领域不断拓展，综合效益得到充分发挥，确保西部地区现行国家扶贫标准下的农村贫困人口到 2020 年实现脱贫，贫困县全部摘帽，解决区域性整体贫困。

（三）基本原则

——坚持党的领导，社会广泛参与。帮扶双方党委和政府要加强对东西部扶贫协作和对口支援工作的领导，将工作纳入重要议事日程，科学编制帮扶规划并认真部署实施，建立完善机制，广泛动员党政机关、企事业单位和社会力量参与，形成帮扶合力。

——坚持精准聚焦，提高帮扶实效。东西部扶贫协作和对口支援要聚焦脱贫攻坚，按照精准扶贫、精准脱贫要求，把被帮扶地区建档立卡贫困人口稳定脱贫作为工作重点，帮扶资金和项目瞄准贫困村、贫困户，真正帮到点上、扶到根上。

——坚持优势互补，鼓励改革创新。立足帮扶双方实际情况、因地制宜、因人施策开展扶贫协作和对口支援，实现帮扶双方优势互补、长期合作、聚焦扶贫、实现共赢，努力探索先富帮后富、逐步实现共同富裕的新途径新方式。

——坚持群众主体，激发内生动力。充分调动贫困地区干部群众积极性创造性，不断激发脱贫致富的内生动力，帮助和带动贫困人口苦干实干，实现光荣脱贫、勤劳致富。

二、结对关系

（四）调整东西部扶贫协作结对关系。对原有结对关系进行适当调整，在完善省际结对关系的同时，实现对民族自治州和西部贫困程度深的市州全覆盖，落实北京市、天津市与河北省扶贫协作任务。调整后的东西部扶贫协作结对关系为：北京市帮扶内蒙古自治区、河北省张家口市和保定市；天津市帮扶甘肃省、河北省承德市；辽宁省大连市帮扶贵州省六盘水市；上海市帮扶云南省、贵州省遵义市；江苏省帮扶陕西省、青海省西宁市和海东市，苏州市帮扶贵州省铜仁市；浙江省帮扶四川省，杭州市帮扶湖北省恩施土家族苗族自治州、贵州省黔东南苗族侗族自治州，宁波市帮扶吉林省延边朝鲜族自治州、贵州省黔西南布依族苗族自治州；福建省帮扶宁夏回族自治区，福州市帮扶甘肃省定西市，厦门市帮扶甘肃省临夏回族自治州；山东省帮扶重庆市，济南市帮扶湖南省湘西土家族苗族自治州，青岛市帮扶贵州省安顺市、甘肃省陇南市；广东省帮扶广西壮族自治区、四川省甘孜藏族自治州，广州市帮扶贵州省黔南布依族苗族自治州和毕节市，佛山市帮扶四川省凉山彝族自治州，中山市和东莞市帮扶云南省昭通市，珠海市帮扶云南省怒江傈僳族自治州。

各省（自治区、直辖市）要根据实际情况，在本行政区域内组织开展结对帮扶工作。

（五）开展携手奔小康行动。东部省份组织本行政区域内经济较发达县（市、区）与扶贫协作省份和市州扶贫任务重、脱贫难度大的贫困县开展携手奔小康行动。探索在乡镇之间、行政村之间结对帮扶。

（六）深化对口支援。对口支援西藏、新疆和四省藏区工作在现有机制下继续坚持向基层倾斜、向民生倾斜、向农牧民倾斜，更加聚焦精准扶贫、精准脱贫，瞄准建档立卡贫困人口精准发力，提高对口支援实效。北京市、天津市与河北省扶贫协作工作，要与京津冀协同发展中京津两市对口帮扶张承环京津相关地区做好衔接。

三、主要任务

（七）开展产业合作。帮扶双方要把东西部产业合作、优势互补作为深化供给侧结构性改革的新课题，研究出台相关政策，大力推动落实。要立足资源禀赋和产业基础，激发企业到贫困地区投资的积极性，支持建设一批贫困人口参与度高的特色产业基地，培育一批带动贫困户发展产业的合作组织和龙头企业，引进一批能够提供更多就业岗位的劳动密集型企业、文化旅游企业等，促进产业发展带动脱贫。加大产业合作科技支持，充分发挥科技创新在增强西部地区自我发展能力中的重要作用。

（八）组织劳务协作。帮扶双方要建立和完善劳务输出精准对接机制，提高劳务输出脱贫的组织化程度。西部地区要摸清底数，准确掌握建档立卡贫困人口中有就业意愿和能力的未就业人口信息，以及已在外地就业人员的基本情况，因人因需提供就业服务，与东部地区开展有组织的劳务对接。西部地区要做好本行政区域内劳务对接工作，依托当地产业发展，多渠道开发就业岗位，支持贫困人口在家乡就地就近就业。开展职业教育东西协作行动计划和技能脱贫"千校行动"，积极组织引导贫困家庭子女到东部省份的职业院校、技工学校接受职业教育和职业培训。东部省份要把解决西部贫困人口稳定就业作为帮扶重要内容，创造就业机会，提供用工信息，动员企业参与，实现人岗对接，保障稳定就业。对在东部地区工作生活的建档立卡贫困人口，符合条件的优先落实落户政策，有序实现市民化。

（九）加强人才支援。帮扶双方要选派优秀干部挂职，广泛开展人才交流，促进观念互通、思路互动、技术互学、作风互鉴。采取双向挂职、两地培训、委托培养和组团式支教、支医、支农等方式，加大教育、卫生、科技、文化、社会工作等领域的人才支持，把东部地区的先进理念、人才、技术、信息、经验等要素传播到西部地区。加大政策激励力度，鼓励各类人才扎根西部贫困地区建功立业。帮扶省市选派到被帮扶地区的挂职干部要把主要精力放到脱贫攻坚上，挂职期限原则上两到三年。加大对西部地区干部特别是基层干部、贫困村创业致富带头人培训力度。

（十）加大资金支持。东部省份要根据财力增长情况，逐步增加扶贫协作和对口支援财政投入，并列入年度预算。西部地区要以扶贫规划为引领，整合扶贫协作和对口支援资金，聚焦脱贫攻坚，形成脱贫合力。要切实加强资金监管，提高使用效益。

（十一）动员社会参与。帮扶省市要鼓励支持本行政区域内民营企业、社会组织、公民个人积极参与东西部扶贫协作和对口支援。充分利用全国扶贫日和中国社会扶贫网等平台，组织社会各界到西部地区开展捐资助学、慈善公益医疗救助、支医支教、社会工作和志愿服务等扶贫活动。实施社会工作专业人才服务贫困地区计划和扶贫志愿者行动计划，支持东部地区社会工作机构、志愿服务组织、社会工作者和志愿者结对帮扶西部贫困地区，为西部地区提供专业人才和服务保障。注重发挥军队和武警部队在西部贫困地区脱贫攻坚中的优势和积极作用，因地制宜做好帮扶工作。积极组织民营企业参与"万企帮万村"精准扶贫行动，与被帮扶地区贫困村开展结对帮扶。

四、保障措施

（十二）加强组织领导。国务院扶贫开发领导小组要加强东西部扶贫协作的组织协调、工作指导和考核督查。东西部扶贫协作双方要建立高层联席会议制度，党委或政府主要负责同志每年开展定期互访，确定协作重点，研究部署和协调推进扶贫协作工作。

（十三）完善政策支持。中央和国家机关各部门要加大政策支持力度。国务院扶贫办、国家发展改革委、教育部、民政部、人力资源社会保障部、农业部、中国人民银行等部门要按照职责分工，加强对东西部扶贫协作和对口支援工作的指导和支持。中央组织部要统筹东西部扶贫协作和对口支援挂职干部人才选派管理工作。审计机关要依法加强对扶贫政策落实情况和扶贫资金的审计监督。纪检监察机关要加强扶贫领域监督执纪问责。

（十四）开展考核评估。把东西部扶贫协作工作纳入国家脱贫攻坚考核范围，作为国家扶贫督查巡查重要内容，突出目标导向、结果导向，督查巡查和考核内容包括减贫成效、劳务协作、产业合作、人才支援、资金支持五个方面，重点是解决多少建档立卡贫困人口脱贫。对口支援工作要进一步加强对精准扶贫工作成效的考核。东西部扶贫协作考核工作由国务院扶贫开发领导小组组织实施，考核结果向党中央、国务院报告。

关于加大脱贫攻坚力度支持革命老区
开发建设的指导意见

（摘自中央政府门户网站）

新华社北京 2016 年 2 月 1 日电 近日，中共中央办公厅、国务院办公厅印发了《关于加大脱贫攻坚力度支持革命老区开发建设的指导意见》，并发出通知，要求各地区各部门结合实际认真贯彻执行。

《关于加大脱贫攻坚力度支持革命老区开发建设的指导意见》全文如下。

革命老区（以下简称老区）是党和人民军队的根，老区和老区人民为中国革命胜利和社会主义建设作出了重大牺牲和重要贡献。新中国成立 60 多年特别是改革开放 30 多年来，在党中央、国务院关心支持下，老区面貌发生深刻变化，老区人民生活水平显著改善，但由于自然、历史等多重因素影响，一些老区发展相对滞后、基础设施薄弱、人民生活水平不高的矛盾仍然比较突出，脱贫攻坚任务相当艰巨。为进一步加大扶持力度，加快老区开发建设步伐，让老区人民过上更加幸福美好的生活，现提出如下意见。

一、总体要求

全面贯彻落实党的十八大和十八届三中、四中、五中全会精神，以邓小平理论、"三个代表"重要思想、科学发展观为指导，深入贯彻习近平总书记系列重要讲话精神，坚持"四个全面"战略布局，按照党中央、国务院决策部署，以改变老区发展面貌为目标，以贫困老区为重点，更加注重改革创新、更加注重统筹协调、更加注重生态文明建设、更加注重开发开放、更加注重共建共享发展，进一步加大扶持力度，实施精准扶贫、精准脱贫，着力破解区域发展瓶颈制约，着力解决民生领域突出困难和问题，着力增强自我发展能力，着力提升对内对外开放水平，推动老区全面建成小康社会，让老区人民共享改革发展成果。

到 2020 年，老区基础设施建设取得积极进展，特色优势产业发展壮大，生态环境质量明显改善，城乡居民人均可支配收入增长幅度高于全国平均水平，基本公共服务主要领域指标接近全国平均水平，确保我国现行标准下农村贫困人口实现脱贫，贫困县全部摘帽，解决区域性整体贫困。

二、工作重点

按照区别对待、精准施策的原则，以重点区域、重点人群、重点领域为突破口，加大脱贫攻坚力度，带动老区全面振兴发展。

（一）以支持贫困老区为重点，全面加快老区小康建设进程。贫困地区是全国全面建成小康社会的短板，贫困老区更是短板中的短板。要把贫困老区作为老区开发建设的重中之重，充分发挥政治优势和制度优势，主动适应经济发展新常态，着力改善发展环境与条件，激发市场主体创新活力，推动相关资源要素向贫困老区优先集聚，民生政策向贫困老区优先覆盖，重大项目向贫困老区优先布局，尽快增强贫困老区发展内生动力。

（二）以扶持困难群体为重点，全面增进老区人民福祉。切实解决好老区贫困人口脱贫问题，全面保障和改善民生，是加快老区开发建设的出发点和落脚点。要打破惯性思维，采取超常规举措，加快科学扶贫和精准扶贫，加大帮扶力度，提高优抚对象待遇水平，办好老区民生实事，使老区人民与全国人民一道共享全面建成小康社会成果。

（三）以集中解决突出问题为重点，全面推动老区开发开放。加快老区开发建设步伐，基础设施是首要条件，资源开发和产业发展是关键环节，改革开放是根本动力，生态环境是发展底线，老区精神是活力源泉。要围绕重点领域和薄弱环节，明确工作思路，选准主攻方向，发扬"钉钉子"精神，使老区面貌明显改善，人民生活水平显著提升。

三、主要任务

（一）加快重大基础设施建设，尽快破解发展瓶颈制约。大力推进老区高等级公路建设，优先布局一批铁路项目并设立站点，积极布局一批支线和通用机场，支持有条件的老区加快港口、码头、航道等水运基础设施建设，力争实现老区所在地级市高速公路通达、加速铁路基本覆盖。加快推动老区电网建设，支持大用户直供电和工业企业按照国家有关规定建设自备电厂，保障发展用能需求。增加位于贫困老区的发电企业年度电量计划，提高水电工程留存电量比例。加大老区地质灾害防治、矿山环境治理和地质灾害搬迁避让工程实施力度。完善电信普遍服务补偿机制，支持老区加快实施"宽带中国"战略、"宽带乡村"工程，加大网络通信基础设施建设力度。优先支持老区重大水利工程、中型水库、病险水库水闸除险加固、灌区续建配套与节水改造等项目建设，加大贫困老区抗旱水源建设、中小河流治理和山洪灾害防治力度。支持老区推进土地整治和高标准农田建设，在安排建设任务和补助资金时予以倾斜。

（二）积极有序开发优势资源，切实发挥辐射带动效应。鼓励中央企业和地方国有企业、民营资本组建混合所有制企业，因地制宜勘探开发老区煤炭、石油、天然气、页岩气、煤层气、页岩油等资源。在具备资源禀赋的老区积极有序开发建设大型水电、风电、太阳能基地，着力解决电力消纳问题。支持老区发展生物质能、天然气、农村小水电等清洁能源，加快规划建设一批抽水蓄能电站。积极支持符合条件的老区建设能源化工基地，加快推进技术创新，实现资源就地加工转化利用。增加地质矿产调查评价专项对贫困老区基础性、公益性项目的投入，引导社会资本积极参与老区矿产资源勘查开发，支持开展矿产资源综合利用示范基地和绿色矿山建设。

（三）着力培育壮大特色产业，不断增强"造血"功能。推进老区一二三产业融合发展，延长农业产业链，让农户更多分享农业全产业链和价值链增值收益。做大做强农民合作社和龙头企业，支持老区特色农产品品种保护、选育和生产示范基地建设，积极推广适用新品种、新技术，打造一批特色农产品加工示范园区，扶持、鼓励开展无公害农产品、绿色食品、有机农产品及地理标志农产品认证。积极发展特色农产品交易市场，鼓励大型零售超市与贫困老区合作社开展农超对接。加强老区农村物流服务体系建设，鼓励邮政快递服务向农村延伸。大力发展电子商务，加强农村电商人才培训，鼓励引导电商企业开辟老区特色农产品网上销售平台，加大对农产品品牌推介营销的支持力度。依托老区良好的自然环境，积极发展休闲农业、生态农业，打造一批具有较大影响力的养生养老基地和休闲度假目的地。充分挖掘老区山林资源，积极发展木本油料、特色经济林产业和林下经济。利用老区丰富的文化资源，振兴传统工艺，发展特色文化产业。支持老区建设红色旅游经典景区，优先支持老区创建国家级旅游景区，旅游基础设施建设中央补助资金进一步向老区倾斜。加大跨区域旅游合作力度，重点打造国家级红色旅游经典景区和精品线路，加强旅游品牌推介，着力开发红色旅游产品，培育一批具有较高知名度的旅游节庆活动。加强老区革命历史纪念场所建设维护，有计划抢救影响力大、损毁严重的重要革命遗址。支持老区因地制宜开展"互联网+"试点。积极发展适合老区的信息消费新产品、新业态、新模式。

（四）切实保护生态环境，着力打造永续发展的美丽老区。

继续实施天然林保护、防护林建设、石漠化治理、防沙治沙、湿地保护与恢复、退牧还草、水土流失综合治理、坡耕地综合整治等重点生态工程，优先安排贫困老区新一轮退耕还林还草任务，支持老区开展各类生态文明试点示范。加强自然保护区建设与管理，支持在符合条件的老区开展国家公园设立试点。大力发展绿色建筑和低碳、便捷的交通体系，加快推动生产生活方式绿色化。深入实施大气、水、土壤污染防治行动计划，全面推进涵养区、源头区等水源地环境整治。加强农村面源污染治理，对秸秆、地膜、畜禽粪污收集利用加大扶持和奖励力度，研究将贫困老区列入下一轮农村环境综合整治重点区域。加快推进老区工业污染场地和矿区环境治理，支持老区工业企业实施清洁生产技术改造工程。

（五）全力推进民生改善，大幅提升基本公共服务水平。加快解决老区群众饮水安全问题，加大农村电网改造升级力度，进一步提高农村饮水、电力保障水平。加快贫困老区农村公路建设，重点推进剩余乡镇和建制村通硬化路建设，推动一定人口规模的自然村通公路。加大农村危房改造力度，统筹开展农房抗震改造，对贫困老区予以倾斜支持。加快老区农村集贸市场建设。尽快补齐老区教育短板，增加公共教育资源配置，消除大班额现象，优化农村中小学校设点布局，改善基本办学条件，强化师资力量配备，确保适龄儿童和少年都能接受良好的义务教育。支持贫困老区加快普及高中阶段教育，办好一批中等、高等职业学校，逐步推进中等职业教育免除学杂费，推动职业学校与企业共建实验实训平台，培养更多适应老区发展需要的技术技能人才。继续实施农村贫困地区定向招生专项计划，畅通贫困老区学生就读重点高校渠道。加强老区县乡村三级医疗卫生服务网络标准化建设，支持贫困老区实施全科医生和专科医生特设岗位计划，逐步提高新型农村合作医疗保障能力和大病救助水平。加大社会救助力度，逐步提高老区最低生活保障水平，加快完善老区城乡居民基本养老保险制度，落实国家基础养老金标准相关政策。以广播电视服务网络、数字文化服务、乡土人才培养、流动文化服务以及公共图书馆、文化馆（站）、基层综合性文化服务中心、基层新华书店等为重点，推动老区基本公共文化服务能力与水平明显提高。

（六）大力促进转移就业，全面增强群众增收致富能力。结合实施国家新型城镇化规划，发挥老区中心城市和小城镇集聚功能，积极发展劳动密集型产业和家政服务、物流配送、养老服务等产业，拓展劳动力就地就近就业空间。加强基层人力资源和社会保障公共服务平台建设，推动贫困老区劳动力向经济发达地区转移，建立和完善劳动力输出与输入地劳务对接机制，提高转移输出组织化程度。支持老区所在市县积极整合各类培训资源，开展有针对性的职业技能培训。加大贫困老区劳动力技能培训力度，鼓励外出务工人员参加中长期实用技能培训。引导和支持用人企业在老区开展订单定向培训。支持符合条件的老区建设创业园区或创业孵化基地等，鼓励外出务工人员回乡创业。

（七）深入实施精准扶贫，加快推进贫困人口脱贫。继续实施以工代赈、整村推进、产业扶贫等专项扶贫工程，加大对建档立卡贫困村、贫困户的扶持力度。统筹使用涉农资金，开展扶贫小额信贷，支持贫困户发展特色产业，促进有劳动能力的贫困户增收致富。积极实施光伏扶贫工程，支持老区探索资产收益扶贫。加快实施乡村旅游富民工程，积极推进老区贫困村旅游扶贫试点。深入推行科技特派员制度，支持老区科技特派员与贫困户结成利益共同体，探索创业扶贫新模式。在贫困老区优先实施易地扶贫搬迁工程，在安排年度任务时予以倾斜，完善后续生产发展和就业扶持政策。加快实施教育扶贫工程，在老区加快落实建档立卡的家庭经济困难学生实施普通高中免除学杂费政策，实现家庭经济困难学生资助全覆盖。实施健康扶贫工程，落实贫困人口参加新型农村合作医疗个人缴费部分由财政给予补贴的政策，将贫困人口全部纳入重特大疾病救助范围。对无法依靠产业扶持和就业帮助脱贫的家庭实行政策性保障兜底。

（八）积极创新体制机制，加快构建开放型经济新格局。支持老区开展农村集体产权制度改革，稳妥有序实施农村承包土地经营权、农民住房财产权等抵押贷款以及大宗特色农产品保险试点。支持老区开展水权交易试点，探索建立市场化补偿方式。推动相关老区深度融入"一带一路"建设、京津冀协同发展、长江经济带建设三大国家战略，与有关国家级新区、自主创新示范区、自由贸易试验区、综合配套改革试验区、承接产业转移示范区建立紧密合作关系，打造区域合作和产业承接发展平台，探索发展"飞地经济"，引导发达地区劳动密集型等产业优先向老区转移。支持老区科技创新能力建设，加快推动老区创新驱动发展。支持具备条件的老区申请设立海关特殊监管区域，鼓励老区所在市县积极承接加工贸易梯度转移。对老区企业到境外开展各类管理体系认证、产品认证和商标注册等给予资助。拓展老区招商引资渠道，利用外经贸发展专项资金促进贫困老区发展，优先支持老区项目申报借用国外优惠贷款。鼓励老区培育和发展会展平台，提高知名度和影响力。加快边境老区开发开放，提高边境经济合作区、跨境经济合作区发展水平，提升边民互市贸易便利化水平。

四、支持政策

（一）加强规划引导和重大项目建设。编制实施国民经济和社会发展"十三五"规划等中长期规划时，对老区予以重点支持，积极谋划一批交通、水利、能源等重大工程项目，优先纳入相关专项规划。全面实施赣闽粤原中央苏区、陕甘宁、左右江、大别山、川陕等老区振兴发展规划和集中连片特困地区区域发展与脱贫攻坚规划，加快落实规划项目和政策。推动大型项目、重点工程、新兴产业在符合条件的前提下优先向老区安排。探索建立老区重大项目审批核准绿色通道，加快核准审批进程，对重大项目环评工作提前介入指导。

（二）持续加大资金投入。中央财政一般性转移支付资金、各类涉及民生的专项转移支付资金进一步向贫困老区倾斜。增加老区转移支付资金规模，扩大支持范围。中央财政专项扶贫资金分配向贫困老区倾斜。加大中央集中彩票公益金支持老区扶贫开发力度，力争实现对贫困老区全覆盖。加大中央预算内投资和专项建设基金对老区的投入力度。严格落实国家在贫困地区安排的公益性建设项目取消县级和西部集中连片特困地区地市级配套资金的政策，并加大中央和省级财政投资补助比重。在公共服务等领域积极推广政府与社会资本合作、政府购买服务等模式。鼓励和引导各类金融机构加大对老区开发建设的金融支持。鼓励各银行业金融机构总行合理扩大贫困老区分支机构授信审批权限，加大支农再贷款、扶贫再贷款对贫困老区的支持力度，建立健全信贷资金投向老区的激励机制。支持具备条件的民间资本在老区依法发起设立村镇银行、民营银行等金融机构，推动有关金融机构延伸服务网络、创新金融产品。鼓励保险机构开发老区特色优势农作物保险产品，支持贫困老区开展特色农产品价格保险。

（三）强化土地政策保障。在分解下达新增建设用地指标和城乡建设用地增减挂钩指标时，重点向老区内国家扶贫开发工作重点县倾斜。鼓励通过城乡建设用地增减挂钩优先解决老区易地扶贫搬迁安置所需建设用地，对不具备开展增减挂钩条件的，优先安排搬迁安置所需新增建设用地计划指标。在贫困老区开展易地扶贫搬迁，允许将城乡建设用地增减挂钩指标在省域范围内使用。支持有条件的老区开展历史遗留工矿废弃地复垦利用、城镇低效用地再开发和低丘缓坡荒滩等未利用地开发利用试点。落实和完善农产品批发市场、农贸市场城镇土地使用税和房产税政策。

（四）完善资源开发与生态补偿政策。适当增加贫困老区光伏、风电等优势能源资源开发规模。合理调整资源开发收益分配政策，研究提高老区矿产、油气资源开发收益地方留成比例，强化资源开发对老区发展的拉动效应。支持将符合条件的贫困老区纳入重点生态功能区补偿范围。逐步建立地区间横向生态保护补偿机制，引导提供生态产品的老区与受益地区之间，通过资金补助、产业转移、人才培训、共建园区等方式实施补偿。支持符合条件的老区启动实施湿地生态效益补偿和生态还湿。

（五）提高优抚对象优待抚恤标准。继续提高"三红"人员（在乡退伍红军老战士、在乡西路军红军老战士、红军失散人员）、在乡老复员军人等优抚对象抚恤和定期生活补助标准，研究其遗孀定期生活补助政策，保障好老无所养和伤病残优抚对象的基本生活。研究逐步提高新中国成立前入党的农村老党员和未享受离退休待遇的城镇老党员生活补助标准。严格落实优抚对象医疗保障政策，逐步提高医疗保障水平。鼓励有条件的地方实行优抚对象基本殡葬服务费用减免政策。优抚对象申请经济适用住房、公租房或农村危房改造的，同等条件下予以优先安排。加大优抚对象家庭成员就业政策落实力度，符合就业困难人员条件的优先安排公益性岗位，组织机关、企事业单位面向老区定向招聘辅助人员。

（六）促进干部人才交流和对口帮扶。推进贫困老区与发达地区干部交流，加大中央和国家机关、中央企业与贫困老区干部双向挂职锻炼工作力度，大力实施边远贫困地区、边疆民族地区和革命老区人才支持计划。研究实施直接面向老区的人才支持项目，支持老区相关单位申报设立院士工作站和博士后科研工作站。深入推进中央企业定点帮扶贫困革命老区县"百县万村"活动，进一步挖掘中央和省级定点扶贫单位帮扶资源，逐步实现定点扶贫工作对贫困老区全覆盖。制定优惠政策，鼓励老区优秀青年入伍，引导优秀退役军人留在老区工作。加快建立省级政府机关、企事业单位或省内发达县市对口帮扶本省贫困老区的工作机制。

五、组织领导

（一）高度重视老区开发建设工作。各级党委和政府要进一步增强责任感、紧迫感、使命感，把加快老区开发建设作为"一把手工程"，把扶持老区人民脱贫致富作为义不容辞的责任。坚持中央统筹、省（自治区、直辖市）负总责、市（地）县抓落实的工作机制，推动建立党委领导、政府负责、部门协同、社会参与的工作格局，积极整合各级财力和各类资源，推动老区加快发展。发挥军队和武警部队的优势和积极作用，影响和带动社会力量支持老区开发建设。加大对老区脱贫攻坚工作的考核力度，实行年度报告和通报制度。按照国家有关规定表彰为老区发展建设作出突出贡献的先进典型，对推进工作不力的要强化责任追究。加强对各级老区建设促进会的指导，给予必要的支持。

（二）不断加强老区基层领导班子和党组织建设。各级党委和政府要选派一批思想政治硬、业务能力强、综合素质高的干部充实老区党政领导班子，优先选派省部级、厅局级后备干部担任老区市、县党政主要领导，推动老区党政领导班子年轻化、知识化、专业化。对长期在老区工作的干部要在提拔任用、家属随迁、子女入学等方面予以倾斜。加强老区基层党组织建设，选优配强党组织带头人，完善村级组织运转经费保障机制，强化服务群众、村干部报酬待遇、村级组织活动场所等基础保障。做好老区村级党组织第一书记选派工作，充分发挥基层党组织团结带领老区群众脱贫致富的战斗堡垒作用。根据老区贫困村实际需求，精准选派驻村工作队，提高县以上机关派出干部比例。

（三）广泛动员社会各方面力量参与老区开发建设。鼓励各类企业通过资源开发、产业培育、市场开拓、村企共建等形式到贫困老区投资兴业、培训技能、吸纳就业、捐资助贫，引导一批大型企业在贫困老区包县包村扶贫，鼓励社会团体、基金会、民办非企业单位等各类组织积极支持老区开发建设。对于各类企业和社会组织到贫困老区投资兴业、带动贫困群众就业增收的，严格落实税收、土地、金融等相关支持政策。开展多种类型的公益活动，引导广大社会成员和港澳同胞、台湾同胞、华侨及海外人士，通过爱心捐赠、志愿服务、结对帮扶等多种形式参与老区扶贫开发。

（四）大力弘扬老区精神。各级党委和政府要把弘扬老区精神作为党建工作的重要内容，将老区精神融入培育和践行社会主义核心价值观系列活动，利用建党日、建军节、国庆节等重要时间节点，持续不断推动老区精神进学校、进机关、进企业、进社区，在全社会营造传承老区精神高尚、支持服务老区光荣的浓厚氛围。积极支持老区精神挖掘整理工作，结合红色旅游组织开展形式多样的主题活动，培育壮大老区文艺团体和文化出版单位，扶持创作一批反映老区优良传统、展现老区精神风貌的优秀文艺作品和文化产品。加强老区新闻媒体建设，提升老区精神传播能力。老区广大干部群众要继续发扬自力更生、艰苦奋斗的优良传统，不等不靠，齐心协力，争当老区精神的传承者和践行者，加快老区开发建设步伐，不断开创老区振兴发展的新局面。

（五）全面落实各项任务举措。各级党委和政府要认真抓好意见的贯彻落实，明确工作任务和责任分工，加大政策项目实施力度，确保年年有总结部署、有督促检查。中央和国家机关有关部门要按照职责分工，抓紧制定实施方案，细化实化具体政策措施，全面落实意见提出的各项任务。国家发展改革委要负责牵头协调解决工作中遇到的困难和问题，会同民政部、国务院扶贫办等部门和单位加强对意见执行情况的跟踪检查，重大问题及时向党中央、国务院报告。充分发挥各级老区建设促进会的监测评估作用，适时组织第三方机构对本意见实施情况进行评估。

关于实施健康扶贫工程的指导意见

国卫财务发〔2016〕26号

各省、自治区、直辖市人民政府，各军兵种、武警部队政治工作部、后勤部，各军区善后工作办公室政工组、保障组：

实施健康扶贫工程，对于保障农村贫困人口享有基本医疗卫生服务，推进健康中国建设，防止因病致贫、因病返贫，实现到2020年让农村贫困人口摆脱贫困目标具有重要意义。为贯彻落实党中央、国务院关于打赢脱贫攻坚战的重要战略部署，经国务院同意，现就实施健康扶贫工程提出以下意见。

一、总体要求

（一）指导思想。深入贯彻落实党的十八大和十八届三中、四中、五中全会以及中央扶贫开发工作会议精神，围绕"四个全面"战略布局，牢固树立并切实贯彻创新、协调、绿色、开放、共享的发展理念，按照党中央、国务院决策部署，坚持精准扶贫、精准脱贫基本方略，与深化医药卫生体制改革紧密结合，针对农村贫困人口因病致贫、因病返贫问题，突出重点地区、重点人群、重点病种，进一步加强统筹协调和资源整合，采取有效措施提升农村贫困人口医疗保障水平和贫困地区医疗卫生服务能力，全面提高农村贫困人口健康水平，为农村贫困人口与全国人民一道迈入全面小康社会提供健康保障。

（二）基本原则。

——坚持党委领导、政府主导。充分发挥各级党委的领导核心作用，强化各级政府的主导作用，加强组织领导，落实部门责任，发挥政治优势和制度优势，确保健康扶贫工程顺利实施。

——坚持精准扶贫、分类施策。在核准农村贫困人口因病致贫、因病返贫情况的基础上，采取一地一策、一户一档、一人一卡，精确到户、精准到人，实施分类救治，增强健康扶贫的针对性和有效性。

——坚持资源整合、共建共享。以提高农村贫困人口受益水平为着力点，整合现有各类医疗保障、资金项目、人才技术等资源，引导市场、社会协同发力，动员农村贫困人口积极参与，采取更贴合贫困地区实际、更有效的政策措施，提升健康扶贫整体效果。

——坚持问题导向、深化改革。针对贫困地区医疗卫生事业发展和农村贫困人口看病就医的重点难点问题，加大改革创新力度，加快建立完善基本医疗卫生制度，切实保障农村贫困人口享有基本医疗卫生服务。

（三）主要目标。到 2020 年，贫困地区人人享有基本医疗卫生服务，农村贫困人口大病得到及时有效救治保障，个人就医费用负担大幅减轻；贫困地区重大传染病和地方病得到有效控制，基本公共卫生指标接近全国平均水平，人均预期寿命进一步提高，孕产妇死亡率、婴儿死亡率、传染病发病率显著下降；连片特困地区县和国家扶贫开发工作重点县至少有一所医院（含中医院，下同）达到二级医疗机构服务水平，服务条件明显改善，服务能力和可及性显著提升；区域间医疗卫生资源配置和人民健康水平差距进一步缩小，因病致贫、因病返贫问题得到有效解决。

二、重点任务

（一）提高医疗保障水平，切实减轻农村贫困人口医疗费用负担。新型农村合作医疗覆盖所有农村贫困人口并实行政策倾斜，个人缴费部分按规定由财政给予补贴，在贫困地区全面推开门诊统筹，提高政策范围内住院费用报销比例。2016年新型农村合作医疗新增筹资主要用于提高农村居民基本医疗保障水平，并加大对大病保险的支持力度，通过逐步降低大病保险起付线、提高大病保险报销比例等，实施更加精准的支付政策，提高贫困人口受益水平。加大医疗救助力度，将农村贫困人口全部纳入重特大疾病医疗救助范围，对突发重大疾病暂时无法获得家庭支持、基本生活陷入困境的患者，加大临时救助和慈善救助等帮扶力度。建立基本医疗保险、大病保险、疾病应急救助、医疗救助等制度的衔接机制，发挥协同互补作用，形成保障合力。将符合条件的残疾人医疗康复项目按规定纳入基本医疗保险支付范围，提高农村贫困残疾人医疗保障水平。扎实推进支付方式改革，强化基金预算管理，完善按病种、按人头、按床日付费等多种方式相结合的复合支付方式，有效控制费用。切实解决因病致贫、因病返贫问题。

（二）对患大病和慢性病的农村贫困人口进行分类救治。优先为每人建立 1 份动态管理的电子健康档案，建立贫困人口健康卡，推动基层医疗卫生机构为农村贫困人口家庭提供基本医疗、公共卫生和健康管理等签约服务。以县为单位，依靠基层卫生计生服务网络，进一步核准农村贫困人口中因病致贫、因病返贫家庭数及患病人员情况，对需要治疗的大病和慢性病患者进行分类救治。能一次性治愈的，组织专家集中力量实施治疗，2016 年起选择疾病负担较重、社会影响较大、疗效确切的大病进行集中救治，制订诊疗方案，明确临床路径，控制治疗费用，减轻贫困大病患者费用负担；需要住院维持治疗的，由就近具备能力的医疗机构实施治疗；需要长期治疗和康复的，由基层医疗卫生机构在上级医疗机构指导下实施治疗和康复管理。实施光明工程，为农村贫困白内障患者提供救治，救治费用通过现行医保制度等渠道解决，鼓励慈善组织参与。加强农村贫困残疾人健康扶贫工作，对贫困地区基层医疗卫生机构医务人员开展康复知识培训，加强县级残疾人康复服务中心建设，提升基层康复服务能力，建立医疗机构与残疾人专业康复机构有效衔接、协调配合的工作机制，为农村贫困残疾人提供精准康复服务。

（三）实行县域内农村贫困人口住院先诊疗后付费。贫困患者在县域内定点医疗机构住院实行先诊疗后付费，定点医疗机构设立综合服务窗口，实现基本医疗保险、大病保险、疾病应急救助、医疗救助"一站式"信息交换和即时结算，贫困患者只需在出院时支付自负医疗费用。有条件的地方要研究探索市域和省域内农村贫困人口先诊疗后付费的结算机制。推进贫困地区分级诊疗制度建设，加强贫困地区县域内常见病、多发病相关专业和有关临床专科建设，探索通过县乡村一体化医疗联合体等方式，提高基层服务能力，到 2020 年使县域内就诊率提高到 90%左右，基本实现大病不出县。

（四）加强贫困地区医疗卫生服务体系建设。落实《国务院办公厅关于印发全国医疗卫生服务体系规划纲要（2015—2020 年）的通知》（国办发〔2015〕14 号），按照"填平补齐"原则，实施贫困地区县级医院、乡镇卫生院、村卫生室标准化建设，使每个连片特困地区县和国家扶贫开发工作重点县达到"三个一"目标，即每个县至少有 1 所县级公立医院，每个乡镇建设 1 所标准化的乡镇卫生院，每个行政村有 1 个卫生室。加快完善贫困地区公共卫生服务网络，以重大传染病、地方病和慢性病防治为重点，加大对贫困地区疾控、妇幼保健等专业公共卫生机构能力建设的支持力度。加强贫困地区远程医疗能力建设，实现县级医院与县域内各级各类医疗卫生服务机构互联互通。积极提升中医药（含民族医药，下同）服务水平，充分发挥中医医疗预防保健特色优势。在贫困地区优先实施基层中医药服务能力提升工程"十三五"行动计划，在乡镇卫生院和社区卫生服务中心建立中医馆、国医堂等中医综合服务区，加强中医药设备配置和人员配备。

（五）实施全国三级医院与连片特困地区县和国家扶贫开

发工作重点县县级医院一对一帮扶。从全国遴选能力较强的三级医院（含军队和武警部队医院），与连片特困地区县和国家扶贫开发工作重点县县级医院签订一对一帮扶责任书，明确帮扶目标任务。采取"组团式"帮扶方式，向被帮扶医院派驻 1 名院长或副院长及相关医务人员进行蹲点帮扶，重点加强近三年县外转出率前 5-10 个病种的相关临床和辅助科室建设，推广适宜县级医院开展的医疗技术。定期派出医疗队，为农村贫困人口提供集中诊疗服务。采取技术支持、人员培训、管理指导等多种方式，提高被帮扶医院的服务能力，使其到 2020 年达到二级医疗机构服务水平（30 万人口以上县的被帮扶医院达到二级甲等水平）。建立帮扶双方远程医疗平台，开展远程医疗服务。贫困地区政府及相关部门、单位要提供必要条件和支持。

（六）统筹推进贫困地区医药卫生体制改革。深化贫困地区公立医院综合改革，协同推进医疗服务价格调整、医保支付方式改革、医疗机构控费、公立医院补偿机制改革，加强医院成本管理。拓展深化军民融合发展领域，驻贫困地区军队医疗机构要融入贫困地区分级诊疗服务体系。创新县级公立医院机构编制管理方式，逐步实行编制备案制。贫困地区可先行探索制订公立医院绩效工资总量核定办法，合理核定医疗卫生机构绩效工资总量，结合实际确定奖励性绩效工资的比例，调动医务人员积极性。制订符合基层实际的人才招聘引进办法，落实贫困地区医疗卫生机构用人自主权。加强乡村医生队伍建设，分期分批对贫困地区乡村医生进行轮训，2017 年前完成培训。

各地要结合实际，通过支持和引导乡村医生按规定参加职工基本养老保险或城乡居民基本养老保险，以及采取补助等多种形式，进一步提高乡村医生的养老待遇。加快健全贫困地区药品供应保障机制，统筹做好县级医院与基层医疗卫生机构的药品供应配送管理工作。按照远近结合、城乡联动的原则，提高采购、配送集中度，探索县乡村一体化配送，发挥邮政等物流行业服务网络优势，支持其按规定参与药品配送。

（七）加大贫困地区慢性病、传染病、地方病防控力度。加强肿瘤随访登记及死因监测，扩大癌症筛查和早诊早治覆盖面。加强贫困地区严重精神障碍患者筛查登记、救治救助和服务管理。完成已查明氟、砷超标地区降氟降砷改水工程建设，基本控制地方性氟、砷中毒危害。采取政府补贴运销费用或补贴消费者等方式，让农村贫困人口吃得上、吃得起合格碘盐，继续保持消除碘缺乏病状态。综合防治大骨节病和克山病等重点地方病。加大人畜共患病防治力度，基本控制西部农牧区包虫病流行，有效遏制布病流行。加强对结核病疫情严重的贫困地区防治工作的业务指导和技术支持，开展重点人群结核病主动筛查，规范诊疗服务和全程管理，进一步降低贫困地区结核病发病率。在艾滋病疫情严重的贫困地区建立防治联系点，加大防控工作力度。

（八）加强贫困地区妇幼健康工作。在贫困地区全面实施免费孕前优生健康检查、农村妇女增补叶酸预防神经管缺陷、农村妇女"两癌"（乳腺癌和宫颈癌）筛查、儿童营养改善、新生儿疾病筛查等项目，推进出生缺陷综合防治，做到及早发现、及早治疗。建立残疾儿童康复救助制度，逐步实现0-6岁视力、听力、言语、智力、肢体残疾儿童和孤独症儿童免费得到手术、辅助器具配置和康复训练等服务。加强贫困地区孕产妇和新生儿急危重症救治能力建设，加强农村妇女孕产期保健，保障母婴安全。加大对贫困地区计划生育工作的支持力度，坚持和完善计划生育目标管理责任制，加大对计划生育特殊困难家庭的扶助力度。

（九）深入开展贫困地区爱国卫生运动。加强卫生城镇创建活动，持续深入开展环境卫生整洁行动，统筹治理贫困地区环境卫生问题，实施贫困地区农村人居环境改善扶贫行动，有效提升贫困地区人居环境质量。将农村改厕与农村危房改造项目相结合，加快农村卫生厕所建设进程。加强农村饮用水和环境卫生监测、调查与评估，实施农村饮水安全巩固提升工程，推进农村垃圾污水治理，综合治理大气污染、地表水环境污染和噪声污染。加强健康促进和健康教育工作，广泛宣传居民健康素养基本知识和技能，提升农村贫困人口健康意识，使其形成良好卫生习惯和健康生活方式。

三、保障措施

（一）落实投入政策。落实中央和省级财政扶贫投入责任。中央财政继续加大贫困地区卫生计生专项资金的转移支付力度，推动健康扶贫工程顺利实施。国家在贫困地区安排的公益性卫生计生建设项目取消县级和西部连片特困地区地市级配套资金。省市两级财政安排的卫生计生项目资金要进一步向贫困地区倾斜，连片特困地区县和国家扶贫开发工作重点县要通过统筹整合使用相关财政资金，加大健康扶贫投入。东部省（市）要在东西部扶贫协作框架内，加大对贫困地区医疗卫生事业的支持力度。

（二）强化人才综合培养。支持贫困地区高等医学教育发展，引导贫困地区根据需求，合理确定本地区医学院校和医学类专业招生计划。综合采取住院医师规范化培训、助理全科医生培训、订单定向免费培养、全科医生和专科医生特设岗位计划等方式，加强贫困地区医疗卫生人才队伍建设。探索县乡人才一体化管理。根据贫困地区需求，组织开展适宜技术项目推广，依托现有机构建立示范基地，开展分级培训，规范技术应用。接收贫困地区、革命老区、民族地区和边疆地区基层医疗卫生人员到军队医学院校、医疗机构进修学习、联训代培。有针对性地加强中医药适宜技术推广，到 2020 年使贫困地区每个乡镇卫生院至少有 2 名医师、每个村卫生室至少有 1 名乡村医生掌握 5 项以上中医药适宜技术，为常见病、多发病患者提供简便验廉的中医药服务。充分发挥国家临床医学研究中心和协同研究网络的作用，构建推广培训服务平台，提高基层医疗卫生人员的技术水平。各地要制订政策措施，鼓励优秀卫生人才到贫困地区服务；探索基层卫生人才激励机制，对长期在贫困地区基层工作的卫生技术人员在职称晋升、教育培训、薪酬待遇等方面给予适当倾斜。

（三）充分动员社会力量。完善鼓励企业、社会组织、公民个人参与健康扶贫工程的政策措施，贡献突出的，在尊重其意愿前提下可给予项目冠名等激励措施。支持各类企业进行社会捐赠、基金会设立专项基金参与健康扶贫工程，按规定落实扶贫捐赠税前扣除、税收减免等优惠政策，鼓励更多社会资本投向贫困地区，加强捐赠资金使用监管。充分发挥协会、学会等社会组织作用，整合社会资本、人才技术等资源，为贫困地区送医、送药、送温暖。搭建政府救助资源、社会组织救助项目与农村贫困人口救治需求对接的信息平台，引导支持慈善组织、企事业单位和爱心人士等为患大病的贫困人口提供慈善救助。

四、组织实施

（一）加强组织领导和考核督查。按照中央统筹、省（自治区、直辖市）负总责、市（地）县抓落实的工作体制，各地要结合贫困地区实际制订具体实施方案，明确时间表、路线图，层层落实责任，精心组织实施健康扶贫工程。县级政府要承担主体责任，将实施健康扶贫工程作为打赢脱贫攻坚战的重要举措，统筹做好资金安排、政策衔接、项目落地、人力调配、推进实施等工作，确保政策落实到位。各地要将健康扶贫工程纳入脱贫攻坚工作领导责任制和贫困地区政府目标考核管理，作为重要考核内容，细化职责分工，明确任务要求，对实施情况定期检查督促。

（二）明确部门职责。国家卫生计生委、国务院扶贫办负责统筹协调、督促落实健康扶贫工程实施工作，制订具体方案和考核办法，定期组织考核评估。国家卫生计生委、国家中医药管理局、中央军委政治工作部、中央军委后勤保障部负责协调落实全国三级医院与连片特困地区县和国家扶贫开发工作重点县县级医院对口帮扶任务，将对口支援任务落实情况作为三级医院绩效考核的重要内容。国务院扶贫办、民政部、中国残联会同国家卫生计生委负责开展农村贫困人口因病致贫、因病返贫情况核实核准工作。国家发展改革委负责将健康扶贫工程有关内容纳入国民经济和社会发展总体规划，加大贫困地区卫生计生基础设施建设支持力度。教育部负责支持贫困地区高等医学教育发展，引导地方教育行政部门落实医疗卫生人才培养任务。科技部负责加强以国家临床医学研究中心为核心的转化推广体系建设，大力推进先进适宜技术的推广应用。民政部负责制订完善医疗救助政策，全面开展重特大疾病医疗救助工作，提高贫困地区医疗救助水平。财政部根据工作需要和财力可能，通过现行渠道对健康扶贫工程提供资金支持。国家卫生计生委会同人力资源社会保障部负责提出完善贫困地区医疗卫生人才招聘引进的政策意见。环境保护部负责农村环境综合整治。住房城乡建设部负责牵头实施贫困地区农村人居环境改善扶贫行动。水利部负责指导农村饮水安全巩固提升工程实施工作。审计署负责加大对健康扶贫工程资金投入和使用情况的审计监督力度，跟踪检查健康扶贫相关政策措施落实情况。国务院医改办负责统筹推进贫困地区深化医药卫生体制改革工作。中国残联负责会同国家卫生计生委、民政部开展残疾人基本康复服务，加强残疾人基本康复服务能力建设。中央军委政治工作部、中央军委后勤保障部负责统筹推进军队参与健康扶贫工程相关工作，支援贫困地区医疗卫生服务能力建设。

（三）加强宣传引导。坚持正确舆论导向，开展健康扶贫系列宣传活动，通过新闻报道、事迹报告会、公益广告等形式，宣传健康扶贫工程及各项政策措施取得的进展和成效，宣传广大医疗卫生工作者深入贫困地区为群众解除病痛的生动事迹，营造良好舆论氛围。

（四）鼓励各地因地制宜创新健康扶贫形式和途径。各地要以解决因病致贫、因病返贫问题为重点，结合实际积极探索，统筹配置和使用相关资金、项目，提高使用效率，推动实施健康扶贫工程。通过深化改革，激发实施健康扶贫工程的动力，通过健康扶贫与相关特色产业脱贫、劳务输出脱贫等措施的衔接，形成合力，提高脱贫攻坚实际效果。

附件：重点任务分工及进度安排表（略）

国家卫生计生委　国务院扶贫办　国家发展改革委

教育部　科技部　民政部　财政部

人力资源社会保障部　环境保护部　住房城乡建设部

水利部　国家中医药管理局　中央军委政治工作部

中央军委后勤保障部　中国残联

2016 年 6 月 20 日

关于建立贫困退出机制的意见

（摘自中央政府门户网站）

新华社北京 2016 年 4 月 28 日电 近日，中共中央办公厅、国务院办公厅印发了《关于建立贫困退出机制的意见》，并发出通知，要求各地区各部门结合实际认真贯彻执行。

《关于建立贫困退出机制的意见》全文如下。

为贯彻落实《中共中央、国务院关于打赢脱贫攻坚战的决定》和中央扶贫开发工作会议精神，切实提高扶贫工作的针对性、有效性，现就建立贫困退出机制提出如下意见。

一、指导思想

全面贯彻党的十八大和十八届三中、四中、五中全会精神，深入贯彻习近平总书记系列重要讲话精神，紧紧围绕"五位一体"总体布局和"四个全面"战略布局，牢固树立创新、协调、绿色、开放、共享的发展理念，按照党中央、国务院决策部署，深入实施精准扶贫、精准脱贫，以脱贫实效为依据，以群众认可为标准，建立严格、规范、透明的贫困退出机制，促进贫困人口、贫困村、贫困县在 2020 年以前有序退出，确保如期实现脱贫攻坚目标。

二、基本原则

——坚持实事求是。对稳定达到脱贫标准的要及时退出，新增贫困人口或返贫人口要及时纳入扶贫范围。注重脱贫质量，坚决防止虚假脱贫，确保贫困退出反映客观实际、经得起检验。

——坚持分级负责。实行中央统筹、省（自治区、直辖市）负总责、市（地）县抓落实的工作机制。国务院扶贫开发领导小组制定统一的退出标准和程序，负责督促指导、抽查核查、评估考核、备案登记等工作。省（自治区、直辖市）制定本地脱贫规划、年度计划和实施办法，抓好组织实施和监督检查。市（地）县汇总数据，甄别情况，具体落实，确保贫困退出工作有序推进。

——坚持规范操作。严格执行退出标准、规范工作流程，切实做到程序公开、数据准确、档案完整、结果公正。贫困人口退出必须实行民主评议，贫困村、贫困县退出必须进行审核审查，退出结果公示公告，让群众参与评价，做到全程透明。强化监督检查，开展第三方评估，确保脱贫结果真实可信。

——坚持正向激励。贫困人口、贫困村、贫困县退出后，在一定时期内国家原有扶贫政策保持不变，支持力度不减，留出缓冲期，确保实现稳定脱贫。对提前退出的贫困县，各省（自治区、直辖市）可制定相应奖励政策，鼓励脱贫摘帽。

三、退出标准和程序

（一）贫困人口退出。贫困人口退出以户为单位，主要衡量标准是该户年人均纯收入稳定超过国家扶贫标准且吃穿不愁、义务教育、基本医疗、住房安全有保障。

贫困户退出，由村"两委"组织民主评议后提出，经村"两委"和驻村工作队核实、拟退出贫困户认可，在村内公示无异议后，公告退出，并在建档立卡贫困人口中销号。

（二）贫困村退出。贫困村退出以贫困发生率为主要衡量标准，统筹考虑村内基础设施、基本公共服务、产业发展、集体经济收入等综合因素。原则上贫困村贫困发生率降至2%以下（西部地区降至3%以下），在乡镇内公示无异议后，公告退出。

（三）贫困县退出。贫困县包括国家扶贫开发工作重点县和集中连片特困地区县。贫困县退出以贫困发生率为主要衡量标准。原则上贫困县贫困发生率降至2%以下（西部地区降至3%以下），由县级扶贫开发领导小组提出退出，市级扶贫开发领导小组初审，省级扶贫开发领导小组核查，确定退出名单后向社会公示征求意见。公示无异议的，由各省（自治区、直辖市）扶贫开发领导小组审定后向国务院扶贫开发领导小组报告。

国务院扶贫开发领导小组组织中央和国家机关有关部门及相关力量对地方退出情况进行专项评估检查。对不符合条件或未完整履行退出程序的，责成相关地方进行核查处理。对符合退出条件的贫困县，由省级政府正式批准退出。

四、工作要求

（一）切实加强领导。各省（自治区、直辖市）党委和政府要高度重视贫困退出工作，加强组织领导和统筹协调，认真履行职责。贫困退出年度任务完成情况纳入中央对省级党委和政府扶贫开发工作成效考核内容。地方各级扶贫开发领导小组要层层抓落实,精心组织实施。地方各级扶贫部门要认真履职,当好党委和政府的参谋助手,协调有关方面做好调查核实、公示公告、备案管理、信息录入等工作。

(二)做好退出方案。各省(自治区、直辖市)要按照省(自治区、直辖市)负总责的要求,因地制宜,尽快制定贫困退出具体方案,明确实施办法和工作程序。退出方案要符合脱贫攻坚实际情况,防止片面追求脱贫进度。

(三)完善退出机制。贫困退出工作涉及面广、政策性强,要在实施过程中逐步完善。要做好跟踪研判,及时发现和解决退出机制实施过程中的苗头性、倾向性问题。要认真开展效果评估,确保贫困退出机制的正向激励作用。

(四)强化监督问责。国务院扶贫开发领导小组、各省(自治区、直辖市)党委和政府要组织开展扶贫巡查工作,分年度、分阶段定期或不定期进行督导和专项检查。对贫困退出工作中发生重大失误、造成严重后果的,对存在弄虚作假、违规操作等问题的,要依纪依法追究相关部门和人员责任。

贫困地区水电矿产资源开发资产
收益扶贫改革试点方案

国务院办公厅关于印发贫困地区水电矿产
资源开发资产收益扶贫改革试点方案的通知
国办发〔2016〕73号

各省、自治区、直辖市人民政府，国务院各部委、各
直属机构：

《贫困地区水电矿产资源开发资产收益扶贫改革
试点方案》已经国务院同意，现印发给你们，请认真
贯彻执行。

国务院办公厅

2016 年 9 月 30 日

《中华人民共和国国民经济和社会发展第十三个五年规划
纲要》和《中共中央 国务院关于打赢脱贫攻坚战的决定》提
出，对在贫困地区开发水电、矿产资源占用集体土地的，试行
给原住居民集体股权方式进行补偿，探索对贫困人口实行资产
收益扶持制度。为推动资源开发成果更多惠及贫困人口，促进
共享发展，逐步建立贫困地区水电、矿产等资源开发资产收益

扶贫制度，制定本方案。

一、总体要求

（一）指导思想。全面贯彻党的十八大和十八届三中、四中、五中全会精神，深入贯彻习近平总书记系列重要讲话精神，认真落实党中央、国务院决策部署，紧紧围绕"五位一体"总体布局和"四个全面"战略布局，牢固树立创新、协调、绿色、开放、共享的新发展理念，坚持精准扶贫、精准脱贫基本方略，以保障农村集体经济组织合法权益为中心，以增加贫困人口资产性收益为目标，以改革试点为突破口，以严格保护生态环境为前提，发挥资源优势，创新贫困地区水电、矿产资源开发占用农村集体土地补偿方式，探索建立集体股权参与项目分红的资产收益扶贫长效机制，走出一条资源开发与脱贫攻坚有机结合的新路子，实现贫困人口共享资源开发成果。

（二）基本原则。

政府引导，群众自愿。将入股分红作为征地补偿的新方式，坚持政府组织引导、统筹推动和监督检查，建立公平、公正、公开的项目收益分配制度，推动实现共享发展。充分尊重贫困地区农村集体经济组织及其成员意愿，保障其知情权、选择权和参与权。

精准扶持，利益共享。把水电、矿产资源开发与脱贫攻坚紧密结合，瞄准建档立卡贫困户，让贫困人口更多分享资源开发收益。统筹兼顾企业、农村集体经济组织及其成员等各方利益，充分调动利益相关方参与改革的积极性和主动性。

封闭运行，控制风险。试点项目严格按照国家审核通过的省级试点方案组织实施、封闭运行，享受试点政策，未经批准不得扩大试点区域和范围。预估预判各类风险，建立风险防范和控制机制，做到风险可控。

探索创新，有序推进。鼓励试点地方和项目单位结合实际，在股权设置、资产管理、收益分配、精准扶持、退出机制等方面进行探索创新。按照生态优先、绿色发展的要求，稳妥选择试点项目，密切跟踪试点进展，及时总结试点经验。

（三）试点目标。在贫困地区选择一批水电、矿产资源开发项目，用 3 年左右时间组织开展改革试点，探索建立农村集体经济组织成员特别是建档立卡贫困户精准受益的资产收益扶贫长效机制，形成可复制、可推广的操作模式和制度。

二、试点范围、期限与项目选择

（一）试点范围。在集中连片特困地区县和国家扶贫开发工作重点县（以下统称贫困县）开展试点，优先选择革命老区和民族地区贫困县。

（二）试点期限。2016 年底启动，2019 年底结束。

（三）项目选择。以精准扶贫、精准脱贫为导向，在全国范围内选择不超过 20 个占用农村集体土地的水电或矿产资源开发项目开展试点。试点项目不限企业所有制性质，但应符合相关规划和产业政策及环境保护要求，并满足以下条件：

1. 水电开发应选择建设周期较短、经济性较好、征地面积和移民人数适量的项目；矿产资源开发应选择以露天开采方式为主、预期盈利能力较强的项目。

2. 2017 年内完成审批核准程序并开工建设。

3. 征地范围不跨省（区、市）。

4. 征地及影响范围内的原住居民，应包括一定比例建档立卡贫困户。

5. 出具项目影响区域内原住居民同意参与试点、农村集体经济组织承诺优先分配给建档立卡贫困户集体股权收益等证明材料。

三、试点内容

重点围绕界定入股资产范围、明确股权受益主体、合理设置股权、完善收益分配制度、加强股权管理和风险防控等方面开展试点。

（一）准确界定入股资产范围。依法依规准确界定水电、矿产资源开发项目征收、征用的农村集体土地范围。按照"归属清晰、权责明确、群众自愿"的原则，合理确定以土地补偿费量化入股的农村集体土地数量、类型和范围，并将核定的土地补偿费作为资产入股试点项目，形成集体股权。入股资产应限于农村集体经济组织所有的耕地、林地、草地、未利用地等非建设用地的土地补偿费。

（二）明确入股主体和受益主体。农村集体经济组织为股权持有者，其成员为集体股权受益主体，建档立卡贫困户为优先受益对象。探索建立以组、村、乡镇不同层级农村集体经济组织为入股单位的集体股权制度。

（三）规范集体股权设置办法。农村集体经济组织选择以全额或者部分集体土地补偿费入股试点项目，并以农村集体经济组织为单位设置集体股权。股权设置方法、程序等具体事项由试点项目所在地省级人民政府研究确定。股权设置结果须经项目所在地县级人民政府、项目投资建设单位、被占地农村集体经济组织共同确定。鼓励有条件的地方通过设立项目公司等方式，探索对集体股权实行专业化管理。

（四）保障集体股权收益。试点项目所在省份根据试点项目情况，探索建立集体股权收益保障制度，集体股权保障收益水平由项目投资建设单位和被占地农村集体经济组织根据项目实际情况共同协商确定。项目运行期结束、项目法人解散或破产清算时，应保障集体股权持有者享有对按照公司法和企业破产法有关规定清偿后剩余财产的优先分配权。试点期间，集体股权原则上不得用于质押、担保，对依法转让的集体股权，项目投资建设单位享有优先回购权。集体股权持有者不参与项目经营管理和决策，但应享有知情权、监督权等股东基本权利。

（五）健全收益分配制度。农村集体经济组织要制定经成员认可并符合相关财务制度的收益分配方案，明确分配范围、顺序和比例，纳入村务公开范畴，接受成员监督。收益分配方案应明确建档立卡贫困户享有优先分配权益，并保证其收益不得以任何方式被截留、挪用、扣减。建档立卡贫困户额外享有的集体股权收益分配权益，在其稳定脱贫后应有序退出，由农村集体经济组织重新分配。已脱贫农户享有与本集体经济组织其他成员平等的收益分配权。

（六）保障农村集体经济组织成员权益。依法保障农村集体经济组织成员特别是建档立卡贫困户参与集体股权管理、分享集体股权收益的权利。科学确认农村集体经济组织成员身份，建立健全农村集体经济组织成员登记备案、收益权证书管理等制度。集体股权收益分配制度的制定、调整、废止等，须经本集体经济组织成员会议或成员代表会议讨论通过后方可生效。探索建立农村集体经济组织成员对集体股权收益权的转让、继承、质押、担保等机制。加强集体股权民主监督管理，防止被少数人控制，发生侵蚀、侵吞原住居民利益的行为。

（七）建立风险防控机制。按照政府领导、分级负责、县为基础、项目法人参与的管理体制，强化政府在试点工作中的组织协调、监督管理、风险防控等作用，建立农村集体经济组织及其成员的利益申诉机制，密切关注建档立卡贫困户权益，妥善解决利益纠纷，确保试点工作顺利开展。有关地方和部门要依法加强对项目运营情况的监督，发现项目投资建设单位弄虚作假、隐瞒收益的，要责令其限期整改并依法严肃追究有关人员责任。切实做好试点项目对生态环境影响的跟踪评估与风险防控工作，避免破坏生态环境。

四、保障措施

（一）加大政策支持力度。在安排水电、矿产资源开发领域项目中央补助等资金时，对符合条件的试点项目予以优先支持。农村小水电扶贫工程中央预算内投资优先支持试点项目，中央投资收益专项用于扶持建档立卡贫困户和贫困村相关公共设施建设。试点过程中，利用财政投入形成的相关资产，应折股量化到农村集体经济组织，并在收益分配时对建档立卡贫困户予以倾斜支持，帮助其进一步分享资源开发收益。

（二）加强项目运行保障。依法依规简化试点项目前期工作程序，加快项目核准进度。对水电开发试点项目，优先保障其所发电量全额上网。对矿产资源开发试点项目，降低试点区域矿业企业用地成本，适当延长矿区和尾矿库等依法占用临时用地的使用期限。

（三）做好试点组织实施。省级人民政府是试点工作的责任主体，要建立试点工作机制，组织申报试点项目，制定试点实施方案，统筹协调推进试点工作。县级人民政府是试点工作的实施主体，要明确工作职责，做好试点政策宣讲和工作督导，推动加强试点项目所在地基层党组织建设，确保试点工作稳妥有序推进。由国家发展改革委牵头，会同国土资源部、水利部、农业部、国务院国资委、国家林业局、国家能源局、国务院扶贫办等部门建立改革试点工作协调机制，审核省级试点实施方案，指导和支持各地开展试点工作。改革试点中遇到的重大问题，要及时向国务院报告。

（四）强化跟踪评估指导。国家发展改革委要建立试点项目定期调度机制，会同有关部门加强对试点工作的检查、评估和指导，及时总结推广试点经验。省级人民政府要加强对试点项目的动态跟踪和工作督导，组织试点项目投资建设单位定期上报进展情况，协调解决试点工作中出现的困难和问题，研究制定配套政策措施，确保完成改革试点目标任务。2020 年 1 月底前，各试点项目所在地省级人民政府要向国家发展改革委报送改革试点工作情况报告。国家发展改革委会同有关部门在总结各地试点经验基础上，形成全国改革试点工作总结报告和政策建议，上报国务院。

国家贫困地区儿童发展规划
（2014—2020 年）

国务院办公厅关于印发

国家贫困地区儿童发展规划（2014—2020 年）的通知

国办发〔2014〕67 号

各省、自治区、直辖市人民政府，国务院各部委、各直属机构：

《国家贫困地区儿童发展规划（2014—2020年）》已经国务院同意，现印发给你们，请结合实际认真贯彻执行。

国务院办公厅

2014 年 12 月 25 日

儿童发展关系国家未来和民族希望，关系社会公平公正，关系亿万家庭的幸福。改革开放特别是进入 21 世纪以来，我国儿童健康、教育水平明显提高，儿童生存、发展和受保护的权利得到有力保障，提前实现了联合国千年发展目标。但总体上看，我国儿童事业发展还不平衡，特别是集中连片特殊困难地区的 4000 万儿童，在健康和教育等方面的发展水平明显低于全国平均水平。进一步采取措施，促进贫困地区儿童发展是切断贫困代际传递的根本途径，是全面建成小康社会的客观要求，也是政府提供基本公共服务的重要内容。为进一步促进贫困地区儿童发展，编制本规划。

一、总体要求

（一）指导思想。以邓小平理论、"三个代表"重要思想、科学发展观为指导，深入贯彻党的十八大和十八届二中、三中、四中全会精神，认真落实党中央、国务院决策部署，坚持儿童优先原则，坚持儿童成长早期干预基本方针，以健康和教育为战略重点，以困难家庭为主要扶持对象，加大统筹协调、资源整合和推进发展力度，实行政府直接提供服务和向社会力量购买服务相结合的工作机制，切实保障贫困地区儿童生存和发展权益，实现政府、家庭和社会对贫困地区儿童健康成长的全程关怀和全面保障。

（二）实施范围。集中连片特殊困难地区 680 个县从出生到义务教育阶段结束的农村儿童。

（三）总体目标。到 2020 年，集中连片特殊困难地区儿童发展整体水平基本达到或接近全国平均水平。

——保障母婴安全。孕产妇死亡率下降到 30/10 万，婴儿和 5 岁以下儿童死亡率分别下降到 12‰和 15‰。出生人口素质显著提高。

——保障儿童健康。5 岁以下儿童生长迟缓率降低到 10%以下，低体重率降低到 5%以下，贫血患病率降低到 12%以下。

以乡镇为单位适龄儿童国家免疫规划疫苗接种率达到并保持在90%以上。中小学生体质基本达到《国家学生体质健康标准》。特殊困难儿童的福利、关爱体系更加健全。

——保障儿童教育。学前三年毛入园率达到75%。义务教育巩固率达到93%，教育总体质量、均衡发展水平显著提高。视力、听力、智力残疾儿童少年义务教育入学率达到90%。

二、主要任务

（一）新生儿出生健康。

1. 加强出生缺陷综合防治。落实出生缺陷综合防治措施，实施国家免费孕前优生健康检查项目，推进增补叶酸预防神经管缺陷等项目，做好孕期产期保健，逐步开展相关的免费筛查、诊断试点项目，提高出生人口素质。开展新生儿先天性甲状腺功能减低症、苯丙酮尿症、听力障碍等疾病筛查服务，加强儿童残疾筛查与康复的衔接，提高筛查确诊病例救治康复水平。

2. 加强孕产妇营养补充。开展孕前、孕产期和哺乳期妇女营养指导，制定孕产期妇女营养素补充标准，预防和治疗孕产妇贫血等疾病，减少低出生体重儿。

3. 加强孕产妇和新生儿健康管理。加强高危孕妇的识别与管理、早产儿的预防与干预，提高孕产妇和儿童系统管理率。继续实施农村孕产妇住院分娩补助项目，做好与新型农村合作医疗和医疗救助制度的有效衔接，加大贫困地区孕产妇住院分娩保障力度。建立危重孕产妇和新生儿急救绿色通道及网络。

4. 加强优生优育宣传教育。通过广播电视、公益广告、集中教育等多种方式，深入开展"婚育新风进万家活动"、"关爱女孩行动"、"新农村新家庭计划"等宣传活动。结合基本公共卫生和计划生育服务，针对贫困地区儿童发展特点，设计开发优生优育等方面的出版物和宣传品。教育、卫生计生部门要共同组织开展学生青春期教育。残联、卫生计生部门要共同组织开展残疾预防宣传活动。通过现场专题讲座、远程教育和多媒体专题辅导等方式，向育龄群众和孕产妇传授优生优育专业知识。

（二）儿童营养改善。

1. 改善婴幼儿营养状况。倡导0—6个月婴儿纯母乳喂养，加强母乳喂养宣传及相关知识培训。扩大贫困地区困难家庭婴幼儿营养改善试点范围，以低保家庭、低保边缘家庭为重点，逐步覆盖到集中连片特殊困难地区的680个县，预防儿童营养不良和贫血。

2. 完善农村义务教育学生营养改善工作机制。各地要进一步落实农村义务教育学生营养改善计划管理责任和配套政策，切实加强资金使用和食品安全管理。因地制宜新建或改扩建农村义务教育学校伙房或食堂等设施，逐步以学校供餐替代校外供餐。继续支持各地开展义务教育阶段学生营养改善试点。有条件的地方可结合实际，以多种方式做好学前教育阶段儿童营养改善工作。

3. 提高儿童营养改善保障能力。建立儿童营养健康状况监测评估制度。加强对各级妇幼保健机构、计划生育服务机构、疾病预防控制机构和基层医疗卫生机构人员的营养改善技能培训，提高预防儿童营养性疾病指导能力。加强对中小学幼儿园教师、食堂从业人员及学生家长的营养知识宣传教育，引导学生及其家庭形成健康饮食习惯。鼓励社会团体和公益组织积极参与儿童营养改善行动。

（三）儿童医疗卫生保健。

1. 完善儿童健康检查制度。对儿童生理状况、营养状况和常见病进行常规检查，建立儿童体检档案，定期对身高、体重、贫血状况等进行监测分析。将入学前儿童健康体检纳入基本公共卫生服务，由基层医疗卫生机构免费提供；义务教育阶段学生按中小学生健康检查基本标准进行体检，所需费用纳入学校公用经费开支范围。

2. 加强儿童疾病预防控制。切实落实国家免疫规划，为适龄儿童免费提供国家免疫规划疫苗接种服务，开展针对重点地区重点人群脊髓灰质炎、麻疹等国家免疫规划疫苗补充免疫或查漏补种工作。落实碘缺乏病、地方性氟中毒、大骨节病防治措施，有效控制地方病对儿童健康的危害。各级妇幼保健机构要加强新生儿健康和儿童疾病预防服务，加强儿童视力、听力和口腔保健工作，预防和控制视力不良、听力损失、龋齿等疾病发生。

3. 提高儿童基本医疗保障水平。完善城乡居民基本医疗保险制度，通过全民参保登记等措施，使制度覆盖全体儿童。全面推进城乡居民大病保险，逐步提高儿童大病保障水平。完善城乡医疗救助制度，加大儿童医疗救助力度，做好与大病保险制度、疾病应急救助制度的衔接，进一步提高儿童先天性心脏病、白血病、唇腭裂、尿道下裂、苯丙酮尿症、血友病等重大疾病救治费用保障水平。

4. 加强儿童医疗卫生服务能力建设。加强妇幼保健机构、妇产医院、儿童医院、综合性医院妇产科儿科和计划生育服务体系建设，提高基层医疗卫生机构孕产期保健、儿童保健、儿童常见病诊治、现场急救、危急重症患儿救治和转诊能力。加强助产技术、儿童疾病综合管理、新生儿复苏等适宜技术培训和儿童临床疾病诊治及护理培训，提高妇幼保健人员、计划生育技术人员和医护人员服务能力和水平。寄宿制学校或者600人以上的非寄宿制学校要设立卫生室（保健室），配备人员器材。县级政府要建立健全学校突发公共卫生事件应急管理机制。

5. 保障学生饮水安全和学校环境卫生。结合实施国家农村饮水安全工程，多渠道加大投入，统筹考虑和优先解决集中连片特殊困难地区农村学校饮水问题，实现供水入校。对无法接入公共供水管网的学校，就近寻找安全水源或实行自备水井供水。定期检测学校饮用水，保障水质达标。加强农村学校卫生厕所、浴室等生活设施建设，为学生提供健康生活环境，从小培养文明生活习惯。

6. 加强体育和心理健康教育。加强学校体育设施建设和体育器材配备，在基层公共体育设施建设中统筹规划学校体育设施。切实加强学校体育工作，严格落实每天锻炼一小时的要求，大力开展符合农村特点的体育活动和群众性体育项目竞赛。建立健全儿童心理健康教育制度，重点加强对留守儿童和孤儿、残疾儿童、自闭症儿童的心理辅导。加强班主任和专业教师心理健康教育能力建设，使每一所学校都有专职或兼职的心理健康教育教师。在农村义务教育学校教师特设岗位计划和中小学教师国家级培训计划中加大对体育和心理健康教育骨干教师的补充和培训力度。

（四）儿童教育保障。

1. 开展婴幼儿早期保教。依托幼儿园和支教点，为3岁以下儿童及其家庭提供早期保育和教育指导服务。采取多种形式宣传普及早期保教知识，鼓励媒体开办公益性早教节目（栏目）。建立城乡幼儿园对口帮扶机制，组织专家和有经验的志愿者到边远地区开展科学早教服务。

2. 推进学前教育。坚持政府主导、社会参与、公办民办并举，多种形式扩大贫困地区普惠性学前教育资源。加大中央财政学前教育发展重大项目、农村学前教育推进工程和省级学前教育项目对集中连片特殊困难地区的倾斜支持力度。扩大实施中西部农村偏远地区学前教育巡回支教试点，在人口分散的山区、牧区设立支教点，通过政府购买服务和动员社会力量招募大中专毕业生志愿者开展巡回支教，中央财政予以适当补助。在需要的民族地区加强学前双语教育。地方政府要依法落实相关政策，稳定贫困地区幼儿园教职工队伍。完善学前教育资助制度，帮助家庭经济困难儿童、孤儿和残疾儿童接受普惠性学前教育。

3. 办好农村义务教育。明确各地巩固义务教育目标，将义务教育控辍保学责任分解落实到地方各级政府、有关部门和学校，并作为教育督导重点内容。推动各地制定义务教育阶段学校标准化的时间表、路线图，解决农村义务教育中寄宿条件不足、大班额、上下学交通困难、基本教学仪器和图书不达标等突出问题。支持各地制定实施贫困地区教师队伍建设规划，统筹教师聘任（聘用）制度改革、农村义务教育学校教师特设岗位计划、中小学教师国家级培训计划、教师合理流动、对口支援等政策，系统解决贫困地区合格教师缺乏问题。对已实施集中连片特殊困难地区乡、村学校和教学点教师生活补助政策的地方，中央财政予以奖补。综合考虑提高教育质量、物价上涨、信息化教育和学生体检等需要，适时提高农村义务教育学校生均公用经费标准。

4. 推进农村学校信息化建设。大力推进宽带网络校校通、优质资源班班通、网络学习空间人人通。各地要结合实施"宽带中国"战略和贫困村信息化工作，积极推动为贫困地区中小学接入宽带网络。将校内信息基础设施建设列入学校新建、改扩建和薄弱学校改造等项目建设内容。加强教师信息技术应用能力培训，建立面向农村的数字教育资源应用平台，扩大优质数字教育资源共享范围，提升农村学校教学质量。

5. 保障学生安全成长。学校要建立面向全体学生和家长的安全教育制度、安全管理制度和应急信息通报报告制度，落实校园安全责任制。改善学校安全条件，建设符合安全标准的校舍、围墙、栅栏等设施，加强视频监控、报警设施和安全防护设备的配备，落实专门人员做好相关工作。寄宿制学校要完善教师值班制度，配备必要的生活管理教师，落实学生宿舍安全管理责任。预防和控制儿童意外伤害。对儿童人身伤害案件依法从重查处。采取就近入学、建设寄宿制学校、发展公共交通、提供校车服务等措施，方便学生安全上下学。净化校园及周边治安环境，维护学生安全和校园稳定。

（五）特殊困难儿童教育和关爱。

1. 完善特殊困难儿童福利制度。重点支持在人口较多和孤儿数量多的县（市）建设一批儿童福利院或社会福利机构儿童部。探索适合孤儿身心发育的养育模式，鼓励家庭收养、寄养和社会助养。落实好为孤儿、艾滋病病毒感染儿童发放基本生活费的政策，探索建立其他困境儿童基本生活保障制度。为0—6岁残疾儿童提供康复补贴。保证适龄孤儿进入相应的学校就读，将义务教育阶段的孤儿寄宿生全面纳入生活补助范围。推进残疾人康复和托养设施建设，基本实现每个地级城市都建有一所专业化残疾人康复机构，并配备儿童听力语言康复、智力康复、孤独症康复、脑瘫康复等设施。

2. 保证残疾儿童受教育权利。逐步提高特殊教育学校生均公用经费标准，对残疾学生实行免学杂费、免费提供教科书、补助家庭经济困难寄宿生生活费等政策，进一步加大残疾学生资助力度。按实际需求配足配齐特殊教育教师，落实特殊教育教师倾斜政策，逐步提高工资待遇水平。加强特殊教育教师培养培训，提高专业化水平。积极创造条件，扩大普通学校随班就读规模，鼓励农村残疾儿童就近接受教育。积极推进全纳教育，使每个残疾儿童都能接受合适的教育。学校和医疗机构要相互配合推进医教结合，实施有针对性的教育、康复和保健。建立和完善服务机制，统筹学校、社区和家庭资源，在有条件的地区为不能进校就读的重度残疾儿童少年提供送教上门服务。支持和指导儿童福利机构特教班建设，落实儿童福利机构特殊教育教师的相应待遇。

3. 完善儿童社会保护服务体系。充分发挥现有流浪儿童救助保护制度的作用，探索建立儿童社会保护"监测预防、发现报告、帮扶干预"反应机制，推动建立以家庭监护为基础、社会监督为保障、国家监护为补充的监护制度。将儿童保护纳入社区管理和服务职能，动员社区学校、幼儿园、医院及其他社会组织参与儿童保护工作。各地可结合实际，依托城乡社区现有公共服务设施建立儿童活动场所。建立儿童社会保护工作机制和服务网络，将救助保护机构扩展为社会保护转介平台，面向社会开展儿童权益保护服务，最大限度改善困境儿童生存状况。进一步加大劳动保障监察执法力度，努力消除使用童工等违法行为。

4. 健全留守儿童关爱服务体系。加强农村寄宿制学校建设，优先满足留守儿童就学、生活和安全需要。学校对留守儿童受教育实施全程管理，注重留守儿童心理健康教育和亲情关爱，及早发现和纠正个别留守儿童的不良行为。强化父母和其他监护人的监护责任并提高其监护能力，加强家庭教育指导服务，引导外出务工家长以各种方式关心留守儿童。依托现有机构和设施，健全留守儿童关爱服务体系，组织乡村干部和农村党员对留守儿童进行结对关爱服务。开展城乡少年手拉手等活动，支持为农村学校捐建手拉手红领巾书屋，建设流动少年宫，丰富留守儿童精神文化生活。

三、保障措施

（一）加强整体规划和资源整合。在与现有规划、政策、项目等充分衔接基础上，按照整合资源、集中财力、聚焦重点的原则，统筹规划贫困地区儿童发展政策，充分利用一般性转移支付、现有项目资金、对口支援项目等，按照规划目标集中调配资源，支持贫困地区儿童发展。各有关部门要按照统一部署，把规划主要任务和重点工程纳入本部门发展规划、年度计划，并给予优先安排。

（二）落实经费投入和管理。建立健全以财政投入为主、社会力量参与、家庭合理分担的贫困地区儿童发展经费投入机制。中央和地方财政进一步加大儿童发展投入力度。对支持儿童发展的社会公益项目，有关部门和地方政府要加强协调支持，依法落实税收优惠政策。建立健全管理制度，确保用于贫困地区儿童发展的各项资金使用安全、规范和有效。审计部门要加强对贫困地区儿童发展专项资金和政府购买服务经费的审计。财政部门要加强经费监管和绩效考评。加大资金管理使用公开力度，接受社会监督。对管理中出现的问题，要依法追究相关责任人的责任。

（三）创新公共服务提供方式。鼓励采取政府向社会力量购买服务的方式实施儿童发展项目，对适合市场化方式提供的事项，交由具备条件、信誉良好的群团组织、社会组织和企业等承担，并和社会公益项目有机结合，扩大公共服务供给。规范政府购买服务程序，按照公开、公正、公平的原则，以竞争择优的方式确定承接主体，并通过委托、承包、采购等方式购买儿童健康、教育、福利、安全等领域的公共服务。严格政府购买服务资金管理，在既有预算中统筹安排，以事定费，规范透明。

（四）发挥社会力量作用。积极引导各类公益组织、社会团体、企业和有关国际组织参与支持贫困地区儿童发展。鼓励志愿者到贫困地区开展支教、医疗服务和宣传教育工作。加强政府相关部门、学校、公共卫生和医疗机构与家庭、社区的沟通，鼓励家长参与儿童发展项目的实施。

四、组织实施

（一）落实地方政府责任。贫困地区儿童发展工作在国务院统一领导下，实行地方为主、分级负责、各部门协同推进的管理体制。省级政府负责统筹组织，制订实施工作方案和推进计划。地市级政府要加强协调指导，督促县级政府和有关部门明确责任分工，细化政策措施。县级政府要统筹整合各方面资源，落实各项具体政策和工作任务，创新管理和运行方式，切实提高支持政策和项目的执行效率。

（二）明确部门职责分工。发展改革部门要将贫困地区儿童发展纳入国民经济和社会发展总体规划，完善贫困地区妇幼保健和儿童医疗、教育、福利服务等基础设施建设。财政部门要统筹安排财政资金，加强经费监管。教育、卫生计生、民政、公安、工业和信息化、水利、扶贫、妇儿工委等部门要切实履行职责，并加强协调和指导。妇联、共青团、残联等单位要积极参与做好促进儿童发展各项工作。

（三）开展监测评估。各级政府对规划实施进展、质量和成效进行动态监测评估，将规划重点任务落实情况作为政府督查督办重要事项，并将结果作为下一级政府绩效考核重要内容。建立健全评估机制，开展第三方评估。充分发挥卫生计生、教育和社会政策等领域专家作用，开展贫困地区儿童发展重大问题决策咨询。

（四）营造良好氛围。广泛宣传促进贫困地区儿童发展的重要性和政策措施，做好政策解读、回应群众关切，宣传先进典型、推广经验做法，动员全社会关心支持贫困地区儿童发展，为规划实施创造良好社会环境。

关于加强贫困村驻村工作队
选派管理工作的指导意见

（新华社北京 2017 年 12 月 24 日电，中共中央
办公厅、国务院办公厅印发）

近日，中共中央办公厅、国务院办公厅印发了《关于加强贫困村驻村工作队选派管理工作的指导意见》，并发出通知，要求各地区各部门结合实际认真贯彻落实。

《关于加强贫困村驻村工作队选派管理工作的指导意见》全文如下。

为着力解决驻村帮扶中选人不优、管理不严、作风不实、保障不力等问题，更好发挥驻村工作队脱贫攻坚生力军作用，现就加强贫困村驻村工作队选派管理工作提出如下指导意见。

一、总体要求

（一）指导思想。全面贯彻党的十九大精神，以习近平新时代中国特色社会主义思想为指导，认真落实党中央、国务院关于脱贫攻坚决策部署，紧紧围绕统筹推进"五位一体"总体布局和协调推进"四个全面"战略布局，牢固树立和贯彻落实新发展理念，深入实施精准扶贫精准脱贫，以实现贫困人口稳定脱贫为目标，确保贫困村驻村工作队选派精准、帮扶扎实、成效明显、群众满意。

（二）基本原则

——坚持因村选派、分类施策。根据贫困村实际需求精准选派驻村工作队，做到务实管用。坚持因村因户因人施策，把精准扶贫精准脱贫成效作为衡量驻村工作队绩效的基本依据。

——坚持县级统筹、全面覆盖。县级党委和政府统筹整合各方面驻村工作力量，根据派出单位帮扶资源和驻村干部综合能力科学组建驻村工作队，实现建档立卡贫困村一村一队。驻村工作队队长原则上由驻村第一书记兼任。

——坚持严格管理、有效激励。加强驻村工作队日常管理，建立完善管理制度，从严从实要求，培养优良作风。健全保障激励机制，鼓励支持干事创业、奋发有为。

——坚持聚焦攻坚、真帮实扶。驻村工作队要坚持攻坚目标和"两不愁、三保障"脱贫标准，将资源力量集中用于帮助贫困村贫困户稳定脱贫，用心、用情、用力做好驻村帮扶工作。

二、规范人员选派

（一）精准选派。坚持因村选人组队，把熟悉党群工作的干部派到基层组织软弱涣散、战斗力不强的贫困村，把熟悉经济工作的干部派到产业基础薄弱、集体经济脆弱的贫困村，把熟悉社会工作的干部派到矛盾纠纷突出、社会发育滞后的贫困村，充分发挥派出单位和驻村干部自身优势，帮助贫困村解决脱贫攻坚面临的突出困难和问题。

（二）优化结构。优先安排优秀年轻干部和后备干部参加驻村帮扶。每个驻村工作队一般不少于3人，每期驻村时间不少于2年。要把深度贫困地区贫困村和脱贫难度大的贫困村作为驻村帮扶工作的重中之重。东西部扶贫协作和对口支援、中央单位定点帮扶的对象在深度贫困地区的，要加大选派干部力度。

（三）配强干部。县级以上各级机关、国有企业、事业单位要选派政治素质好、工作作风实、综合能力强、健康具备履职条件的人员参加驻村帮扶工作。新选派的驻村工作队队长一般应为处科级干部或处科级后备干部。干部驻村期间不承担原单位工作，党员组织关系转接到所驻贫困村，确保全身心专职驻村帮扶。脱贫攻坚期内，贫困村退出的，驻村工作队不得撤离，帮扶力度不能削弱。

三、明确主要任务

（一）宣传贯彻党中央、国务院关于脱贫攻坚各项方针政策、决策部署、工作措施。

（二）指导开展贫困人口精准识别、精准帮扶、精准退出工作，参与拟定脱贫规划计划。

（三）参与实施特色产业扶贫、劳务输出扶贫、易地扶贫搬迁、贫困户危房改造、教育扶贫、科技扶贫、健康扶贫、生态保护扶贫等精准扶贫工作。

（四）推动金融、交通、水利、电力、通信、文化、社会保障等行业和专项扶贫政策措施落实到村到户。

（五）推动发展村级集体经济，协助管好用好村级集体收入。

（六）监管扶贫资金项目，推动落实公示公告制度，做到公开、公平、公正。

（七）注重扶贫同扶志、扶智相结合，做好贫困群众思想发动、宣传教育和情感沟通工作，激发摆脱贫困内生动力。

（八）加强法治教育，推动移风易俗，指导制定和谐文明的村规民约。

（九）积极推广普及普通话，帮助提高国家通用语言文字应用能力。

（十）帮助加强基层组织建设，推动落实管党治党政治责任，整顿村级软弱涣散党组织，对整治群众身边的腐败问题提出建议；培养贫困村创业致富带头人，吸引各类人才到村创新创业，打造"不走的工作队"。

四、加强日常管理

（一）落实责任。县级党委和政府承担驻村工作队日常管理职责，建立驻村工作领导小组，负责统筹协调、督查考核。乡镇党委和政府指导驻村工作队开展精准识别、精准退出工作，支持驻村工作队落实精准帮扶政策措施，帮助驻村工作队解决实际困难。县乡党委和政府要安排专人具体负责。

（二）健全制度。建立工作例会制度，驻村工作领导小组每季度至少组织召开1次驻村工作队队长会议，了解工作进展，交流工作经验，协调解决问题。建立考勤管理制度，明确驻村干部请销假报批程序，及时掌握和统计驻村干部在岗情况。建立工作报告制度，驻村工作队每半年向驻村工作领导小组报告思想、工作、学习情况。建立纪律约束制度，促进驻村干部遵规守纪、廉政勤政。要防止形式主义，用制度推动工作落实。

五、加强考核激励

（一）强化考核。县级党委和政府每年对驻村工作队进行考核检查，确保驻村帮扶工作取得实效。坚持考勤和考绩相结合，平时考核、年度考核与期满考核相结合，工作总结与村民测评、村干部评议相结合，提高考核工作的客观性和公信力。考核具体内容由各地根据实际情况确定。年度考核结果送派出单位备案。

（二）表彰激励。考核结果作为驻村干部综合评价、评优评先、提拔使用的重要依据。对成绩突出、群众认可的驻村干部，按照有关规定予以表彰；符合条件的，列为后备干部，注重优先选拔使用。

（三）严肃问责。驻村干部不胜任驻村帮扶工作的，驻村工作领导小组提出召回调整意见，派出单位要及时召回调整。对履行职责不力的，给予批评教育；对弄虚作假、失职失责，或者有其他情形、造成恶劣影响的，进行严肃处理；同时，依据有关规定对派出单位和管理单位有关负责人、责任人予以问责。

六、强化组织保障

（一）加强组织领导。省级党委和政府对本行政区域内驻村工作队选派管理工作负总责。市地级党委和政府要加大对驻村工作指导和支持力度。县级党委和政府负责统筹配置驻村力量，组织开展具体驻村帮扶工作。地方各级党组织和组织部门要加强管理，推动政策举措落实到位，为驻村帮扶工作提供有力支持。地方财政部门要统筹安排，为驻村工作队提供必要的工作经费。有关部门要加强协调配合，积极支持驻村工作队开展工作。

（二）加强督查检查。省级党委和政府对本行政区域内驻村工作队进行督查抽查，总结典型经验，加强薄弱环节，纠正突出问题，完善管理制度。要在省域范围内通报督查检查结果，并督促认真做好问题整改。

（三）加强培训宣传。各地要通过专题轮训、现场观摩、经验交流等方式，加大对脱贫攻坚方针政策、科技知识、市场信息等方面培训力度，帮助驻村干部掌握工作方法，熟悉业务知识，提高工作能力。要注重发现驻村帮扶先进事迹、有效做法和成功经验，加大宣传力度，树立鲜明导向，营造驻村帮扶工作良好氛围。

（四）加强关心爱护。县乡两级党委和政府、派出单位要关心支持驻村干部，为其提供必要的工作条件和生活条件。驻村期间原有人事关系、各项待遇不变。派出单位可利用公用经费，参照差旅费中伙食补助费标准给予生活补助，安排通信补贴，每年按规定为驻村的在职干部办理人身意外伤害保险，对因公负伤的做好救治康复工作，对因公牺牲的做好亲属优抚工作。干部驻村期间的医疗费，由派出单位按规定报销。县乡两级党委和政府、派出单位负责人要经常与驻村干部谈心谈话，了解思想动态，激发工作热情。

国家发展和改革委员会 国家能源局
国家开发银行等关于实施光伏发电
扶贫工作的意见

发改能源〔2016〕621号

各省（区、市）、新疆生产建设兵团发展改革委（能源局）、扶贫办，国家开发银行各分行、中国农业发展银行各分行，国家电网公司、南方电网公司，水电水利规划设计总院：

为切实贯彻中央扶贫开发工作会议精神，扎实落实《中共中央 国务院关于打赢脱贫攻坚战的决定》的要求，决定在全国具备光伏建设条件的贫困地区实施光伏扶贫工程。

一、充分认识实施光伏扶贫的重要意义

光伏发电清洁环保，技术可靠，收益稳定，既适合建设户用和村级小电站，也适合建设较大规模的集中式电站，还可以结合农业、林业开展多种"光伏+"应用。在光照资源条件较好的地区因地制宜开展光伏扶贫，既符合精准扶贫、精准脱贫战略，又符合国家清洁低碳能源发展战略；既有利于扩大光伏发电市场，又有利于促进贫困人口稳收增收。各地区应将光伏扶贫作为资产收益扶贫的重要方式，进一步加大工作力度，为打赢脱贫攻坚战增添新的力量。

二、工作目标和原则

（一）工作目标

在 2020 年之前，重点在前期开展试点的、光照条件较好的 16 个省的 471 个县的约 3.5 万个建档立卡贫困村，以整村推进的方式，保障 200 万建档立卡无劳动能力贫困户（包括残疾人）每年每户增加收入 3000 元以上。其他光照条件好的贫困地区可按照精准扶贫的要求，因地制宜推进实施。

（二）基本原则

精准扶贫、有效脱贫。光伏扶贫项目要与贫困人口精准对应，根据贫困人口数量和布局确定项目建设规模和布局，保障贫困户获得长期稳定收益。

因地制宜、整体推进。光伏扶贫作为脱贫攻坚手段之一，各地根据贫困人口分布及光伏建设条件，选择适宜的光伏扶贫模式，以县为单元统筹规划，分阶段以整村推进方式实施。

政府主导、社会支持。国家和地方通过整合扶贫资金、预算内投资、政府贴息等政策性资金给予支持。鼓励有社会责任的企业通过捐赠或投资投劳等方式支持光伏扶贫工程建设。

公平公正、群众参与。以县为单元确定统一规范的纳入光伏扶贫范围的资格条件和遴选程序，建立光伏扶贫收益分配和监督管理机制，确保收益分配公开透明和公平公正。

技术可靠、长期有效。光伏扶贫工程关键设备应达到先进技术指标且质量可靠，建设和运行维护单位应具备规定的资质条件和丰富的工程实践经验，应确保长期可靠稳定运行。

三、重点任务

（一）准确识别确定扶贫对象

各级地方扶贫管理部门根据国务院扶贫办确定的光伏扶贫范围，以县为单元调查摸清扶贫对象及贫困人口具体情况，包括贫困人口数量、分布、贫困程度等，确定纳入光伏扶贫范围的贫困村、贫困户的数量并建立名册。省级扶贫管理部门以县为单元建立光伏扶贫人口信息管理系统，以此作为实施光伏扶贫工程、明确光伏扶贫对象、分配扶贫收益的重要依据。

（二）因地制宜确定光伏扶贫模式

根据扶贫对象数量、分布及光伏发电建设条件，在保障扶贫对象每年获得稳定收益的前提下，因地制宜选择光伏扶贫建设模式和建设场址，采用资产收益扶贫的制度安排，保障贫困户获得稳定收益。中东部土地资源缺乏地区，可以村级光伏电站为主（含户用）；西部和中部土地资源丰富的地区，可建设适度规模集中式光伏电站。采取村级光伏电站（含户用）方式，每位扶贫对象的对应项目规模标准为 5 千瓦左右；采取集中式光伏电站方式，每位扶贫对象的对应项目规模标准为 25 千瓦左右。

（三）统筹落实项目建设资金

地方政府可整合产业扶贫和其他相关涉农资金，统筹解决光伏扶贫工程建设资金问题，政府筹措资金可折股量化给贫困村和贫困户。对村级光伏电站，贷款部分可由到省扶贫资金给予贴息，贴息年限和额度按扶贫贷款有关规定由各地统筹安排。集中式电站由地方政府指定的投融资主体与商业化投资企业共同筹措资本金，其余资金由国家开发银行、中国农业发展银行为主提供优惠贷款。鼓励国有企业、民营企业积极参与光伏扶贫工程投资、建设和管理。

（四）建立长期可靠的项目运营管理体系

地方政府应依法确定光伏扶贫电站的运维及技术服务企业（简称"运维企业"）。鼓励通过特许经营等政府和社会资本合作方式，依法依规、竞争择优选择具有较强资金实力以及技术和管理能力的企业，承担光伏电站的运营管理或技术服务。对村级光伏电站（含户用），可由县级政府统一选择承担运营管理或技术服务的企业，鼓励通过招标或其他竞争性比选方式公开选择。县级政府可委托运维企业对全县范围内村级光伏电站（含户用）的工程设计、施工进行统一管理。运维企业对村级光伏电站（含户用）的管理和技术服务费用，应依据法律、行政法规规定和特许经营协议约定，从所管理或提供技术服务的村级光伏电站项目收益中提取。集中式光伏扶贫电站的运行管理由与地方政府指定的投融资主体合作的商业化投资企业承担，鼓励商业化投资企业承担所在县级区域内村级光伏电站（含户用）的技术服务工作。

（五）加强配套电网建设和运行服务

电网企业要加大贫困地区农村电网改造工作力度，为光伏扶贫项目接网和并网运行提供技术保障，将村级光伏扶贫项目的接网工程优先纳入农村电网改造升级计划。对集中式光伏电站扶贫项目，电网企业应将其接网工程纳入绿色通道办理，确保配套电网工程与项目同时投入运行。电网企业要积极配合光伏扶贫工程的规划和设计工作，按照工程需要提供基础资料，负责设计光伏扶贫的接网方案。不论是村级光伏电站（含户用），还是集中式光伏扶贫电站，均由电网企业承担接网及配套电网的投资和建设工作。电网企业要制定合理的光伏扶贫项目并网运行和电量消纳方案，确保项目优先上网和全额收购。

（六）建立扶贫收益分配管理制度

各贫困县所在的市（县）政府应建立光伏扶贫收入分配管理办法，对扶贫对象精准识别，并进行动态管理，原则上应保障每位扶贫对象获得年收入3000元以上。各级政府资金支持建设的村级光伏电站的资产归村集体所有，由村集体确定项目收益分配方式，大部分收益应直接分配给符合条件的扶贫对象，少部分可作为村集体公益性扶贫资金使用；在贫困户屋顶及院落安装的户用光伏系统的产权归贫困户所有，收益全部归贫困户。地方政府指定的投融资主体与商业化投资企业合资建设的光伏扶贫电站，项目资产归投融资主体和投资企业共有，收益按股比分成，投融资主体要将所占股份折股量化给扶贫对象，代表扶贫对象参与项目投资经营，按月（或季度）向扶贫对象分配资产收益。参与扶贫的商业化投资企业应积极配合，为扶贫对象能获得稳定收益创造条件。

（七）加强技术和质量监督管理

建立光伏扶贫工程技术规范和关键设备技术规范。光伏扶贫项目应采购技术先进、经过国家检测认证机构认证的产品，鼓励采购达到领跑者技术指标的产品。系统集成商应具有足够的技术能力和工程经验，设计和施工单位及人员应具备相应资质和经验。光伏扶贫工程发电技术指标及安全防护措施应满足接入电网有关技术要求，并接受电网运行远程监测和调度。县级政府负责建立包括资质管理、质量监督、竣工验收、运行维护、信息管理等内容的投资管理体系，建立光伏扶贫工程建设和运行信息管理。国家可再生能源信息管理中心建立全国光伏扶贫信息管理平台，对全部光伏扶贫项目的建设和运行进行监测管理。

（八）编制光伏扶贫实施方案

省级及以下地方能源主管部门会同扶贫部门，以县为单元编制光伏扶贫实施方案。实施方案应包括光伏扶贫项目的目标任务、扶持的贫困人口数、项目类型、建设规模、建设条件、接网方案、资金筹措方案、运营管理主体、投资效益分析、管理体制、收益分配办法、地方配套政策、组织保障措施。实施方案要做到项目与扶贫对象精准对接，运营管理主体明确，土地等项目建设条件落实，接网和并网运行条件经当地电网公司认可。各有关省（区、市）能源主管部门汇总有关地区的光伏扶贫实施方案，初审后报送国家能源局。国家能源局会同国务院扶贫办对各省（区）上报的光伏扶贫实施方案进行审核并予以批复。各地区按批复的实施方案组织项目建设，国家能源局会同国务院扶贫办按批复的方案进行监督检查。

四、配套政策措施

（一）优先安排光伏扶贫电站建设规模

国家能源局会同国务院扶贫办对各地区上报的以县为单元的光伏扶贫实施方案进行审核。对以扶贫为目的的村级光伏电站和集中式光伏电站，以及地方政府统筹其他建设资金建设的光伏扶贫项目，以县为单元分年度专项下达光伏发电建设规模。

（二）加强金融政策支持力度

国家开发银行、中国农业发展银行为光伏扶贫工程提供优惠贷款，根据资金来源成本情况在央行同期贷款基准利率基础上适度下浮。鼓励其他银行以及社保、保险、基金等资金在获得合理回报的前提下为光伏扶贫项目提供低成本融资。鼓励众筹等创新金融融资方式支持光伏扶贫项目建设，鼓励企业提供包括直接投资和技术服务在内的多种支持。

（三）切实保障光伏扶贫项目的补贴资金发放

电网企业应按国家有关部门关于可再生能源发电补贴资金发放管理制度，优先将光伏扶贫项目的补贴需求列入年度计划，电网企业优先确保光伏扶贫项目按月足额结算电费和领取国家补贴资金。

（四）鼓励企业履行社会责任

鼓励电力能源央企和有实力的民企参与光伏扶贫工程投资和建设。鼓励各类所有制企业履行社会责任，通过各种方式支持光伏扶贫工程实施，鼓励企业组建光伏扶贫联盟。通过表彰积极参与企业，树立企业社会形象，出台适当优惠政策，优先支持参与光伏扶贫的企业开展规模化光伏电站建设，保障参与企业的经济利益。

五、加强组织协调

（一）建立光伏扶贫协调工作机制

建立省（区、市）负总责，市（地）县抓落实的工作机制，做到分工明确、责任清晰、任务到人、责任到位，合力推动光伏扶贫工作。各级政府要成立光伏扶贫协调领导小组，地方政府主要领导任组长，成员包括发改、能源、扶贫、国土、林业等部门，以及电网企业和金融机构等，主要职责是协调光伏扶贫工程实施过程中的重大政策和问题。

（二）明确各部门职责分工

国家能源局负责组织协调光伏扶贫工程实施中重大问题，负责组织编制光伏扶贫规划和年度实施计划，完善光伏扶贫工程技术标准规范，建立光伏扶贫工程信息系统，加强光伏扶贫工程质量监督及并网运行监督等。国务院扶贫办牵头负责确定光伏扶贫对象范围，建立光伏扶贫人口信息管理系统，建立光伏扶贫工程收入分配管理制度。请地方国土部门和林业部门负责光伏扶贫工程土地使用的政策协调和土地补偿收费方面的优惠政策落实。

请各有关部门和地方政府高度重视光伏扶贫工作，加强光伏扶贫工程组织协调力度，为实施光伏扶贫试点工程提供组织保障。加大光伏扶贫宣传和培训力度，提高全社会支持参与光伏扶贫程度。加强对光伏扶贫工程的管理和监督，确实把这件惠民生、办实事的阳光工程抓紧抓实抓好。请省级能源主管部门认真做好光伏扶贫工程项目储备，及时按要求上报光伏扶贫工程项目清单。

　　附件：光伏扶贫工程重点实施范围（略）

国家发展改革委

国务院扶贫办

国家能源局

国家开发银行

中国农业发展银行

2016 年 3 月 23 日

国土资源部 国务院扶贫办 国家能源局 关于支持光伏扶贫和规范光伏 发电产业用地的意见

国土资规〔2017〕8号

各省、自治区、直辖市和新疆生产建设兵团国土资源、扶贫、能源主管部门，各派驻地方的国家土地督察局：

国土资源部会同有关部门联合印发《关于支持新产业新业态发展促进大众创业万众创新用地的意见》（国土资规〔2015〕5号）以来，对促进光伏发电产业发展起到了积极作用。随着光伏扶贫工作力度不断加大，光伏发电产业持续发展，对用地管理提出了新的要求。为深化供给侧结构性改革，现就支持光伏扶贫和规范光伏发电产业用地提出以下意见：

一、总体要求

各地应当依据国家光伏产业发展规划和本地区实际，加快编制本地区光伏发电规划，合理布局光伏发电建设项目。光伏发电规划应符合土地利用总体规划等相关规划，可以利用未利用地的，不得占用农用地；可以利用劣地的，不得占用好地。禁止以任何方式占用永久基本农田，严禁在国家相关法律法规和规划明确禁止的区域发展光伏发电项目。

除本文件确定的光伏扶贫项目及利用农用地复合建设的光伏发电站项目（以下简称光伏复合项目）外，其他光伏发电站项目用地应严格执行国土资规〔2015〕5号文件规定，使用未利用地的，光伏方阵用地部分可按原地类认定，不改变土地用途，用地允许以租赁等方式取得，双方签订补偿协议，报当地县级国土资源主管部门备案，其他用地部分应当办理建设用地审批手续；使用农用地的，所有用地均应当办理建设用地审批手续。新建、改建和扩建地面光伏发电站工程项目，按建设用地和未利用地管理的，应严格执行《光伏发电站工程项目用地控制指标》（国土资规〔2015〕11号）要求，合理利用土地。

二、积极保障光伏扶贫项目用地

对深度贫困地区脱贫攻坚中建设的光伏发电项目，以及国家能源局、国务院扶贫办确定下达的全国村级光伏扶贫电站建设规模范围内的光伏发电项目，变电站及运行管理中心、集电线路杆塔基础用地按建设用地管理，各地在编制土地利用总体规划和年度土地利用计划中应予以重点保障，并依法办理建设用地审批手续；场内道路用地可按农村道路用地管理；光伏方阵使用永久基本农田以外的农用地的，在不破坏农业生产条件的前提下，可不改变原用地性质；采用直埋电缆方式敷设的集电线路用地，实行与项目光伏方阵用地同样的管理方式。

三、规范光伏复合项目用地管理

对使用永久基本农田以外的农用地开展光伏复合项目建

设的，省级能源、国土资源主管部门商同级有关部门，在保障农用地可持续利用的前提下，研究提出本地区光伏复合项目建设要求（含光伏方阵架设高度）、认定标准，并明确监管措施，避免对农业生产造成影响。其中对于使用永久基本农田以外的耕地布设光伏方阵的情形，应当从严提出要求，除桩基用地外，严禁硬化地面、破坏耕作层，严禁抛荒、撂荒。

对于符合本地区光伏复合项目建设要求和认定标准的项目，变电站及运行管理中心、集电线路杆塔基础用地按建设用地管理，依法办理建设用地审批手续；场内道路用地可按农村道路用地管理；利用农用地布设的光伏方阵可不改变原用地性质；采用直埋电缆方式敷设的集电线路用地，实行与项目光伏方阵用地同样的管理方式。

四、加强光伏发电项目用地利用监管

光伏发电站项目用地中按农用地、未利用地管理的，除桩基用地外，不得硬化地面、破坏耕作层，否则，应当依法办理建设用地审批手续，未办理审批手续的，按违法用地查处。对于布设后未能并网的光伏方阵，应由所在地能源主管部门清理。光伏方阵用地按农用地、未利用地管理的项目退出时，用地单位应恢复原状，未按规定恢复原状的，应由项目所在地能源主管部门责令整改。

五、建立部门联合监管机制

项目所在地市、县国土资源主管部门在监管中发现项目违反本通知规定的，应将相关情况通知同级能源主管部门，并逐级上报国家能源局，将项目投资主体纳入能源领域失信主体名单，组织实施联合惩戒。国土资源部将根据行业管理需要，适时对各类光伏发电站项目用地开展专项监测。

本文件自下发之日起执行，有效期五年。

人力资源社会保障部 财政部
国务院扶贫办关于切实做好
社会保险扶贫工作的意见

人社部发〔2017〕59号

各省、自治区、直辖市及新疆生产建设兵团人力资源社会保障厅（局）、财政（务）厅（局）、扶贫办：

为贯彻党中央、国务院关于打赢脱贫攻坚战的决策部署，落实"十三五"脱贫攻坚规划，进一步织密扎牢社会保障"安全网"，现就做好社会保险扶贫工作提出如下意见：

一、明确社会保险扶贫的目标任务

社会保险扶贫的目标任务是，充分发挥现行社会保险政策作用，完善并落实社会保险扶贫政策，提升社会保险经办服务水平，支持帮助建档立卡贫困人口、低保对象、特困人员等困难群体（以下简称贫困人员）及其他社会成员参加社会保险，基本实现法定人员全覆盖，逐步提高社会保险待遇水平，助力参保贫困人员精准脱贫，同时避免其他参保人员因年老、疾病、工伤、失业等原因陷入贫困，为打赢脱贫攻坚战贡献力量。

二、完善并落实社会保险扶贫政策

（一）减轻贫困人员参保缴费负担。对建档立卡未标注脱贫的贫困人口、低保对象、特困人员等困难群体,参加城乡居民基本养老保险的,地方人民政府为其代缴部分或全部最低标准养老保险费,并在提高最低缴费档次时,对其保留现行最低缴费档次。对贫困人员参加城乡居民基本医疗保险个人缴费部分由财政给予补贴。进一步做好建筑业农民工按项目参加工伤保险工作,对用工方式灵活、流动性大、建档立卡农村贫困劳动力(以下简称贫困劳动力)相对集中的行业,探索按项目等方式参加工伤保险。用人单位招用农民合同制工人应当依法缴纳失业保险费,农民合同制工人本人不缴纳失业保险费。依法将包括农民工在内的合同制工人纳入生育保险,由用人单位缴纳生育保险费,职工个人不缴费。

(二)减轻贫困人员医疗费用负担。结合城乡居民基本医疗保险制度整合,做好制度平稳并轨,确保贫困人员保障待遇不降低。巩固完善城乡居民大病保险,对贫困人员通过降低起付线、提高报销比例和封顶线等倾斜性政策,实行精准支付。对贫困人员中已核准的因病致贫返贫患者,通过加强基本医保、大病保险和医疗救助的有效衔接,实施综合保障,提高其医保受益水平。对其他罹患重特大疾病陷入贫困的患者,可采取综合保障措施。对工伤尘肺病患者,按规定将疗效可靠的尘肺病治疗药物列入工伤保险药品目录,将符合医疗诊疗规范的尘肺病治疗技术和手段纳入工伤保险基金支付范围。将参加城乡居民基本医疗保险的非就业妇女符合条件的住院分娩医疗费用纳入城乡居民基本医疗保险报销范围。

（三）适时提高社会保险待遇水平。研究建立城乡居民基本养老保险待遇确定与基础养老金最低标准正常调整机制，完善城乡居民基本养老保险筹资和保障机制。根据经济发展和居民收入水平增长情况，适时适度逐步提高城乡居民基本养老保险最低缴费标准和基础养老金标准。强化多缴多得、长缴多得的激励约束机制，完善缴费补贴政策，引导城乡居民主动参保缴费。完善基本养老保险基金投资运营政策，加强风险管理，提高投资回报率。农民合同制工人在用人单位依法为其缴纳失业保险费满 1 年，劳动合同期满不续订或提前与其解除劳动合同后，可申领一次性生活补助。

（四）体现对贫困人员的适度优先。加强城乡居民基本养老保险与农村最低生活保障、特困人员救助供养等社会救助制度的统筹衔接，"十三五"期间，在认定农村低保和扶贫对象时，中央确定的城乡居民基本养老保险基础养老金暂不计入家庭收入。充分运用浮动费率政策，促使企业加强工伤预防，有效降低工伤发生率。对符合工伤保险待遇先行支付情形的贫困劳动力，工伤保险经办机构应给予先行支付。有条件的地区可打破户籍限制，统一农民合同制工人和城镇职工失业保险政策。

三、强化社会保险扶贫的保障措施

（一）推进贫困人员应保尽保和法定人员全覆盖。全面实施全民参保计划，深入贫困地区、农民工集中的高风险行业、单位和岗位，重点摸清贫困人员和贫困劳动力参加社会保险情况，采取通俗易懂的方式开展政策宣传。根据贫困人员和贫困劳动力参保信息，认真落实社会保险扶贫政策，积极主动开展参保登记及缴费等经办服务工作。各地社会保险经办机构要按规定支付参保人员社会保险待遇。

（二）增强贫困地区社会保险经办服务能力。各地要科学整合贫困地区现有公共服务资源和社会保险经办管理资源，采取政府购买服务、增加公益性岗位、聘用合同工等方式充实基层经办力量。加强经办窗口作风建设，简化优化流程，推进标准应用，提升服务水平。加大贫困地区社会保险经办人员培训支持力度，开展"送培训到基层"活动，提高培训层次和质量。组织实施"互联网+人社"2020行动计划，将社会保险信息系统向基层延伸，打造方便快捷的基层经办平台。

（三）提高对贫困人员的医疗保险服务水平。加强定点医疗机构监管，完善协议管理，积极探索按人头、按病种等付费方式，促进医疗机构为贫困人员提供合理必要的医疗服务，主动控制医疗成本，进一步降低其医疗费用负担。充分依托基层医疗卫生机构，结合建立分级诊疗体系，完善医保差异化支付政策，适当提高基层医疗卫生机构政策范围内医疗费用报销比例，促进贫困人员就近合理有序就医。依托基本医保信息平台，实现基本医保、大病保险、医疗救助"一站式"即时结算，切实减轻贫困患者垫资压力。

（四）加强对社会保险扶贫工作的组织领导。各地要充分认识开展社会保险扶贫工作的重要性，围绕扶贫大局，创新思路对策，加强协调配合，全力抓好社会保险扶贫政策的落实。人力资源社会保障部和国务院扶贫办建立信息共享机制，定期开展建档立卡贫困人口与全国社会保险参保人员数据信息比对工作。各级人力资源社会保障部门要建立管理台账，做好人员标识，动态掌握建档立卡贫困人口参保和待遇保障情况，为实施社会保险精准扶贫提供数据支撑。各地财政部门要做好社会保险补助资金的预算安排和分配下达，确保按时足额拨付到位。

各地人力资源社会保障、财政、扶贫部门要按照各自职责，加强工作调度，防范廉政风险，定期开展督促检查。对推进社会保险扶贫工作成效突出的地区和个人，推广其经验做法，营造良好社会氛围；对思想认识不到位、扶贫政策不落实、廉政风险防范不力的，予以通报批评并责成及时纠正，确保完成社会保险扶贫目标任务。

人力资源社会保障部

财政部

国务院扶贫开发领导小组办公室

2017 年 8 月 1 日

中国银监会　财政部　人民银行
保监会　国务院扶贫办关于促进
扶贫小额信贷健康发展的通知

银监发〔2017〕42号

各银监局，各省（区、市）财政厅（局），中国人民银行上海总部、各分行、营业管理部、各省会（首府）城市中心支行，各保监局；各省（区、市）扶贫办（局），各政策性银行、大型银行、股份制银行，邮储银行：

国务院扶贫办、财政部、人民银行、银监会、保监会《关于创新发展扶贫小额信贷的指导意见》（国开办发〔2014〕78号）印发以来，各地、各部门认真落实有关政策，积极探索、稳步推进扶贫小额信贷发放和管理工作，在帮助贫困户发展生产、增收脱贫等方面取得了明显成效。扶贫小额信贷已成为精准扶贫、精准脱贫的金融服务品牌，但也存在资金使用不合理、贷款发放不合规、风险管理不到位等苗头性倾向性问题。为贯彻落实党中央和国务院有关工作部署，进一步加强和改善扶贫小额信贷管理，促进扶贫小额信贷业务健康发展，更好地发挥其在精准扶贫和精准脱贫中的作用，现将有关工作事项通知如下：

一、坚持精准扶贫，坚持依法合规

扶贫小额信贷是为建档立卡贫困户量身定制的金融精准扶

贫产品,其政策要点是"5万元以下、3年期以内、免担保免抵押、基准利率放贷、财政贴息、县建风险补偿金"。扶贫小额信贷要始终精确瞄准建档立卡贫困户,各银行业金融机构要加大对信用良好、有贷款意愿、有就业创业潜质、技能素质和一定还款能力的建档立卡贫困户支持力度。对已经脱贫的建档立卡贫困户,在脱贫攻坚期内保持扶贫小额信贷支持政策不变,力度不减。各地扶贫部门要加强对扶贫小额信贷和贴息对象的审查,在县乡村三级公告公示,防止非建档立卡贫困户"搭便车"。要将信用水平和还款能力作为发放扶贫小额信贷的主要参考标准,发放过程要符合法律法规和信贷管理规定,借款合同要明确贷款资金用途,坚持户借、户还,切实防范冒名借款、违规用款等问题。

二、坚持发展生产,推动长期受益

各银行业金融机构要将扶贫小额信贷精准用于贫困户发展生产或能有效带动贫困户致富脱贫的特色优势产业,不能用于建房、理财、购置家庭用品等非生产性支出,更不能将扶贫小额信贷打包用于政府融资平台、房地产开发、基础设施建设等。各银行业金融机构在探索将扶贫小额信贷资金用于有效带动贫困户致富脱贫的特色优势产业过程中,必须坚持贫困户自愿和贫困户参与两项基本原则,使贫困户融入产业发展并长期受益,提高贫困户脱贫内生发展动力。

三、完善补偿机制,加强风险管理

各地财政和扶贫部门要积极推动建立和完善风险补偿和分担机制。风险补偿金要按规定及时拨付到位,专款专存、专款专用、封闭运行。科学合理确定风险补偿金放大贷款倍数，明确政府与银行业金融机构风险分担比例，不得将风险补偿金混同为担保金使用。鼓励开展农业保险保单质押贷款等银保合作模式试点。

积极稳步推进扶贫小额信贷服务创新，加强贷款风险管理。一是加强贷款管理。对于贫困户参与的扶贫产业项目，要做到对建档立卡贫困户和产业项目双调查。定期对借款人生活和产业经营情况进行监测分析，建立资金监管机制和跟踪监督机制，对可能影响贷款安全的不利情形要及时采取针对性措施。二是稳妥办理无还本续贷业务。对于贷款到期仍有用款需求的贫困户，支持银行业金融机构提前介入贷款调查和评审，脱贫攻坚期内，在风险可控的前提下，可以无须偿还本金，办理续贷业务。三是区别对待逾期和不良贷款。对确因非主观因素不能到期偿还贷款的贫困户，帮助贫困户协调办理贷款展期。对通过追加贷款能够帮助渡过难关的，应予追加贷款扶持，避免因债返贫。贷款追加后，单户扶贫小额信贷不能超过5万元。对确已发生的贷款损失，要按规定及时启动风险补偿机制，按约定比例分担损失。四是适当提高不良贷款容忍度。对于银行业金融机构扶贫小额信贷不良率高出自身各项贷款不良率年度目标2个百分点以内的，可以不作为监管部门监管评价和银行内部考核评价的扣分因素。五是加快完善尽职免责制度。明确扶贫小额信贷发放过程中的尽职要求，强化正面导向，积极调动银行业金融机构投放扶贫小额信贷的积极性，同时也要加强对不尽责、失职行为的责任追究，切实防范道德风险。

四、完善组织服务，落实工作责任

各银监局要督促银行业金融机构落实"包干服务"制度，推动扶贫小额信贷精准合规发放，加强信贷风险防范。放贷机构要履行好扶贫小额信贷投放的主体责任，在风险可控和商业可持续前提下，加大扶贫小额信贷的投放力度，各地扶贫部门要按照《关于创新发展扶贫小额信贷的指导意见》（国开办发〔2014〕78号）职责分工，做好组织协调、咨询指导等工作。各人民银行分支机构要灵活运用多种货币政策工具，加强对银行业金融机构的指导，推动相关部门完善配套机制建设。各地扶贫部门要加强对扶贫小额信贷工作的组织领导，明确责任领导和责任人，落实工作职责，通过县乡村三级联动，自上而下，全力、全程做好贷款的组织服务管理。乡（镇）级扶贫部门要把好项目审核关，做好项目管理服务工作，督促驻村工作队、第一书记和村两委要全程参与，前期协助开展政策宣传、贫困户评级授信、汇总贫困户贷款需求，中期帮助开展贷款使用监督，后期帮助落实贷款回收，确保扶贫小额信贷贷得到、用得好、还得上。各级扶贫部门要推动完善风险补偿机制，保证扶贫小额信贷资金安全，防范和分担银行信贷风险。县级财政和扶贫部门要用好财政贴息政策、加强风险管理、提供综合信息服务、做好项目前期论证和产业规划、教育群众提升市场意识和风险意识。

五、做好信息共享，加强监测考核

各人民银行分支机构要积极发挥金融精准扶贫信息系统作用，加强与扶贫、银监、保监等部门的信息对接共享，共同做好扶贫小额信贷统计监测分析和评估考核工作。针对监测发现的贷款户数异常波动、贷款逾期以及政策落实不到位、违法违规等问题，银监局要会同各地人民银行分支机构、扶贫办定期通报、限期整改，并将动态监测情况和整改情况作为评估考核的重要依据。银行业金融机构要将扶贫小额信贷纳入内部考核，强化约束激励机制，落实责任。国务院扶贫办、银监会按月统计监测、定期通报地方扶贫小额信贷工作进展情况，对工作不力的严格督导问责。

六、做好政策宣传，总结先进经验

各银监局、各地扶贫部门和各人民银行分支机构要组织银行业金融机构加强政策宣传，自上而下层层明确责任，加大政策宣传培训力度，规范工作称谓，统一使用"扶贫小额信贷"名称，提高政策认知度。要组织驻村工作组、第一书记、村两委、致富带头人等骨干人员接受培训，利用群众喜闻乐见的年画、动漫、手册、短信等形式加强宣传，确保贫困户真正把握"免担保、免抵押、基准利率放贷、财政贴息"等政策要点。要注意总结扶贫小额信贷健康发展的有效做法，主动发掘创新亮点，对实践证明比较成熟、具有较高推广价值的典型经验，加大交流推广力度。

中国银监会　财政部　人民银行

保监会　国务院扶贫办

2017 年 7 月 25 日

全国普法学习读本

扶贫脱贫法律法规学习读本

脱贫攻坚法律法规

李 勇 主编

加大全民普法力度，建设社会主义法治文化，树立宪法法律至上、法律面前人人平等的法治理念。

——中国共产党第十九次全国代表大会《决胜全面建成小康社会 夺取新时代中国特色社会主义伟大胜利》

汕头大学出版社

图书在版编目（CIP）数据

脱贫攻坚法律法规／李勇主编. -- 汕头：汕头大学出版社（2021.7重印）

（扶贫脱贫法律法规学习读本）

ISBN 978-7-5658-3675-6

Ⅰ. ①脱… Ⅱ. ①李… Ⅲ. ①扶贫-法律-基本知识-中国 Ⅳ. ①D922. 290. 4

中国版本图书馆 CIP 数据核字（2018）第 143263 号

脱贫攻坚法律法规　　　　TUOPIN GONGJIAN FALÜ FAGUI

主　　编：李　勇
责任编辑：邹　峰
责任技编：黄东生
封面设计：大华文苑
出版发行：汕头大学出版社
　　　　　广东省汕头市大学路 243 号汕头大学校园内　　邮政编码：515063
电　　话：0754-82904613
印　　刷：三河市南阳印刷有限公司
开　　本：690mm×960mm 1/16
印　　张：18
字　　数：226 千字
版　　次：2018 年 7 月第 1 版
印　　次：2021 年 7 月第 2 次印刷
定　　价：59.60 元（全 2 册）
ISBN 978-7-5658-3675-6

前　言

习近平总书记指出："推进全民守法，必须着力增强全民法治观念。要坚持把全民普法和守法作为依法治国的长期基础性工作，采取有力措施加强法制宣传教育。要坚持法治教育从娃娃抓起，把法治教育纳入国民教育体系和精神文明创建内容，由易到难、循序渐进不断增强青少年的规则意识。要健全公民和组织守法信用记录，完善守法诚信褒奖机制和违法失信行为惩戒机制，形成守法光荣、违法可耻的社会氛围，使遵法守法成为全体人民共同追求和自觉行动。"

中共中央、国务院曾经转发了中央宣传部、司法部关于在公民中开展法治宣传教育的规划，并发出通知，要求各地区各部门结合实际认真贯彻执行。通知指出，全民普法和守法是依法治国的长期基础性工作。深入开展法治宣传教育，是全面建成小康社会和新农村的重要保障。

普法规划指出：各地区各部门要根据实际需要，从不同群体的特点出发，因地制宜开展有特色的法治宣传教育坚持集中法治宣传教育与经常性法治宣传教育相结合，深化法律进机关、进乡村、进社区、进学校、进企业、进单位的"法律六进"主题活动，完善工作标准，建立长效机制。

特别是农业、农村和农民问题，始终是关系党和人民事业发展的全局性和根本性问题。党中央、国务院发布的《关于推进社会主义新农村建设的若干意见》中明确提出要"加强农村法制建设，深入开展农村普法教育，增强农民的法制观念，提高农民依法行使权利和履行义务的自觉性。"多年普法实践证明，普及法律知识，提高法制观念，增强全社会依法办事意识具有重要作用。特别是在广大农村进行普法教育，是提高全民法律素质的需要。

多年来，我国在农村实行的改革开放取得了极大成功，农村发生了翻天覆地的变化，广大农民生活水平大大得到了提高。但是，由于历史和社会等原因，现阶段我国一些地区农民文化素质还不高，不学法、不懂法、不守法现象虽然较原来有所改变，但仍有相当一部分群众的法制观念仍很淡化，不懂、不愿借助法律来保护自身权益，这就极易受到不法的侵害，或极易进行违法犯罪活动，严重阻碍了全面建成小康社会和新农村步伐。

为此，根据党和政府的指示精神以及普法规划，特别是根据广大农村农民的现状，在有关部门和专家的指导下，特别编辑了这套《全国普法学习读本》。主要包括了广大人民群众应知应懂、实际实用的法律法规。为了辅导学习，附录还收入了相应法律法规的条例准则、实施细则、解读解答、案例分析等；同时为了突出法律法规的实际实用特点，兼顾地方性和特殊性，附录还收入了部分某些地方性法律法规以及非法律法规的政策文件、管理制度、应用表格等内容，拓展了本书的知识范围，使法律法规更"接地气"，便于读者学习掌握和实际应用。

在众多法律法规中，我们通过甄别，淘汰了废止的，精选了最新的、权威的和全面的。但有部分法律法规有些条款不适应当下情况了，却没有颁布新的，我们又不能擅自改动，只得保留原有条款，但附录却有相应的补充修改意见或通知等。众多法律法规根据不同内容和受众特点，经过归类组合，优化配套。整套普法读本非常全面系统，具有很强的学习性、实用性和指导性，非常适合用于广大农村和城乡普法学习教育与实践指导。总之，是全国全民普法的良好读本。

目　　录

脱贫攻坚最新政策

脱贫攻坚责任制实施办法

金融助推脱贫攻坚

脱贫攻坚最新政策

中共中央 国务院关于打赢
脱贫攻坚战的决定

（2015 年 11 月 29 日中共中央、国务院发布）

确保到 2020 年农村贫困人口实现脱贫，是全面建成小康社会最艰巨的任务。现就打赢脱贫攻坚战作出如下决定。

一、增强打赢脱贫攻坚战的使命感紧迫感

消除贫困、改善民生、逐步实现共同富裕，是社会主义的本质要求，是我们党的重要使命。改革开放以来，我们实施大规模扶贫开发，使 7 亿农村贫困人口摆脱贫困，取得了举世瞩目的伟大成就，谱写了人类反贫困历史上的辉煌篇章。党的十八大以来，我们把扶贫开发工作纳入"四个全面"战略布局，作为实现第一个百年奋斗目标的重点工作，摆在更加突出的位置，大力实施精准扶贫，不断丰富和拓展中国特色扶贫开发道路，不断开创扶贫开发事业新局面。

我国扶贫开发已进入啃硬骨头、攻坚拔寨的冲刺期。中西部一些省（自治区、直辖市）贫困人口规模依然较大，剩下的贫困人口贫困程度较深，减贫成本更高，脱贫难度更大。实现到 2020 年让 7000 多万农村贫困人口摆脱贫困的既定目标，时间十分紧迫、任务相当繁重。必须在现有基础上不断创新扶贫开发思路和办法，坚决打赢这场攻坚战。

扶贫开发事关全面建成小康社会，事关人民福祉，事关巩固党的执政基础，事关国家长治久安，事关我国国际形象。打赢脱贫攻坚战，是促进全体人民共享改革发展成果、实现共同富裕的重大举措，是体现中国特色社会主义制度优越性的重要标志，也是经济发展新常态下扩大国内需求、促进经济增长的重要途径。各级党委和政府必须把扶贫开发工作作为重大政治任务来抓，切实增强责任感、使命感和紧迫感，切实解决好思想认识不到位、体制机制不健全、工作措施不落实等突出问题，不辱使命、勇于担当，只争朝夕、真抓实干，加快补齐全面建成小康社会中的这块突出短板，决不让一个地区、一个民族掉队，实现《中共中央关于制定国民经济和社会发展第十三个五年规划的建议》确定的脱贫攻坚目标。

二、打赢脱贫攻坚战的总体要求

（一）指导思想

全面贯彻落实党的十八大和十八届二中、三中、四中、五中全会精神，以邓小平理论、"三个代表"重要思想、科学发展观为指导，深入贯彻习近平总书记系列重要讲话精神，围绕"四个全面"战略布局，牢固树立并切实贯彻创新、协调、绿色、开放、共享的发展理念，充分发挥政治优势和制度优势，把精准扶贫、精准脱贫作为基本方略，坚持扶贫开发与经济社会发展相互促进，坚持精准帮扶与集中连片特殊困难地区开发紧密结合，坚持扶贫开发与生态保护并重，坚持扶贫开发与社会保障有效衔接，咬定青山不放松，采取超常规举措，拿出过硬办法，举全党全社会之力，坚决打赢脱贫攻坚战。

（二）总体目标

到 2020 年，稳定实现农村贫困人口不愁吃、不愁穿，义务教育、基本医疗和住房安全有保障。实现贫困地区农民人均可支配收入增长幅度高于全国平均水平，基本公共服务主要领域指标接近全国平均水平。确保我国现行标准下农村贫困人口实现脱贫，贫困县全部摘帽，解决区域性整体贫困。

（三）基本原则

——坚持党的领导，夯实组织基础。充分发挥各级党委总揽全局、协调各方的领导核心作用，严格执行脱贫攻坚一把手负责制，省市县乡村五级书记一起抓。切实加强贫困地区农村基层党组织建设，使其成为带领群众脱贫致富的坚强战斗堡垒。

——坚持政府主导，增强社会合力。强化政府责任，引领市场、社会协同发力，鼓励先富帮后富，构建专项扶贫、行业扶贫、社会扶贫互为补充的大扶贫格局。

——坚持精准扶贫，提高扶贫成效。扶贫开发贵在精准，重在精准，必须解决好扶持谁、谁来扶、怎么扶的问题，做到扶真贫、真扶贫、真脱贫，切实提高扶贫成果可持续性，让贫困人口有更多的获得感。

——坚持保护生态，实现绿色发展。牢固树立绿水青山就是金山银山的理念，把生态保护放在优先位置，扶贫开发不能以牺牲生态为代价，探索生态脱贫新路子，让贫困人口从生态建设与修复中得到更多实惠。

——坚持群众主体，激发内生动力。继续推进开发式扶贫，处理好国家、社会帮扶和自身努力的关系，发扬自力更生、艰苦奋斗、勤劳致富精神，充分调动贫困地区干部群众积极性和创造性，注重扶贫先扶智，增强贫困人口自我发展能力。

——坚持因地制宜，创新体制机制。突出问题导向，创新扶贫开发路径，由"大水漫灌"向"精准滴灌"转变；创新扶贫资源使用方式，由多头分散向统筹集中转变；创新扶贫开发模式，由偏重"输血"向注重"造血"转变；创新扶贫考评体系，由侧重考核地区生产总值向主要考核脱贫成效转变。

三、实施精准扶贫方略，加快贫困人口精准脱贫

（四）健全精准扶贫工作机制

抓好精准识别、建档立卡这个关键环节，为打赢脱贫攻坚战打好基础，为推进城乡发展一体化、逐步实现基本公共服务均等化创造条件。按照扶持对象精准、项目安排精准、资金使用精准、措施到户精准、因村派人精准、脱贫成效精准的要求，使建档立卡贫困人口中有 5000 万人左右通过产业扶持、转移就业、易地搬迁、教育支持、医疗救助等措施实现脱贫，其余完全或部分丧失劳动能力的贫困人口实行社保政策兜底脱贫。对建档立卡贫困村、贫困户和贫困人口定期进行全面核查，建立精准扶贫台账，实行有进有出的动态管理。根据致贫原因和脱贫需求，对贫困人口实行分类扶持。建立贫困户脱贫认定机制，对已经脱贫的农户，在一定时期内让其继续享受扶贫相关政策，避免出现边脱贫、边返贫现象，切实做到应进则进、应扶则扶。抓紧制定严格、规范、透明的国家扶贫开发工作重点县退出标准、程序、核查办法。重点县退出，由县提出申请，市（地）初审，省级审定，报国务院扶贫开发领导小组备案。重点县退出后，在攻坚期内国家原有扶

贫政策保持不变，抓紧制定攻坚期后国家帮扶政策。加强对扶贫工作绩效的社会监督，开展贫困地区群众扶贫满意度调查，建立对扶贫政策落实情况和扶贫成效的第三方评估机制。评价精准扶贫成效，既要看减贫数量，更要看脱贫质量，不提不切实际的指标，对弄虚作假搞"数字脱贫"的，要严肃追究责任。

(五) 发展特色产业脱贫

制定贫困地区特色产业发展规划。出台专项政策，统筹使用涉农资金，重点支持贫困村、贫困户因地制宜发展种养业和传统手工业等。实施贫困村"一村一品"产业推进行动，扶持建设一批贫困人口参与度高的特色农业基地。加强贫困地区农民合作社和龙头企业培育，发挥其对贫困人口的组织和带动作用，强化其与贫困户的利益联结机制。支持贫困地区发展农产品加工业，加快一二三产业融合发展，让贫困户更多分享农业全产业链和价值链增值收益。加大对贫困地区农产品品牌推介营销支持力度。依托贫困地区特有的自然人文资源，深入实施乡村旅游扶贫工程。科学合理有序开发贫困地区水电、煤炭、油气等资源，调整完善资源开发收益分配政策。探索水电利益共享机制，将从发电中提取的资金优先用于水库移民和库区后续发展。引导中央企业、民营企业分别设立贫困地区产业投资基金，采取市场化运作方式，主要用于吸引企业到贫困地区从事资源开发、产业园区建设、新型城镇化发展等。

(六) 引导劳务输出脱贫

加大劳务输出培训投入，统筹使用各类培训资源，以就业为导向，提高培训的针对性和有效性。加大职业技能提升计划和贫困户教育培训工程实施力度，引导企业扶贫与职业教育相结合，鼓励职业院校和技工学校招收贫困家庭子女，确保贫困家庭劳动力至少掌握一门致富技能，实现靠技能脱贫。进一步加大就业专项资金向贫困地区转移支付力度。支持贫困地区建设县乡基层劳动就业和社会保障服务平台，引导和支持用人企业在贫困地区建立劳务培训基地，开展好订单定向培训，建立和完善输出地与输入地劳务对接机制。鼓励地方对跨省务工的农村贫困人口给予交通补助。大力支持家政服务、物流配送、养老服务等产业发展，拓展贫困地区劳动力外出就业空间。加大对贫困地区农民工返乡创业政策扶持力度。对在城镇工作生活一年以上的农村贫困人口，输入地政府要承担相应的帮扶责任，并优先提供基本公共服务，促进有能力在城镇稳定就业和生活的农村贫困人口有序实现市民化。

（七）实施易地搬迁脱贫

对居住在生存条件恶劣、生态环境脆弱、自然灾害频发等地区的农村贫困人口，加快实施易地扶贫搬迁工程。坚持群众自愿、积极稳妥的原则，因地制宜选择搬迁安置方式，合理确定住房建设标准，完善搬迁后续扶持政策，确保搬迁对象有业可就、稳定脱贫，做到搬得出、稳得住、能致富。要紧密结合推进新型城镇化，编制实施易地扶贫搬迁规划，支持有条件的地方依托小城镇、工业园区安置搬迁群众，帮助其尽快实现转移就业，享有与当地群众同等的基本公共服务。加大中央预算内投资和地方各级政府投入力度，创新投融资机制，拓宽资金来源渠道，提高补助标准。积极整合交通建设、农田水利、土地整治、地质灾害防治、林业生态等支农资金和社会资金，支持安置区配套公共设施建设和迁出区生态修复。利用城乡建设用地增减挂钩政策支持易地扶贫搬迁。为符合条件的搬迁户提供建房、生产、创业贴息贷款支持。支持搬迁安置点发展物业经济，增加搬迁户财产性收入。探索利用农民进城落户后自愿有偿退出的农村空置房屋和土地安置易地搬迁农户。

（八）结合生态保护脱贫

国家实施的退耕还林还草、天然林保护、防护林建设、石漠化治理、防沙治沙、湿地保护与恢复、坡耕地综合整治、退牧还草、水生态治理等重大生态工程，在项目和资金安排上进一步向贫困地区倾斜，提高贫困人口参与度和受益水平。加大贫困地区生态保护修复力度，增加重点生态功能区转移支付。结合建立国家公园体制，创新生态资金使用方式，利用生态补偿和生态保护工程资金使当地有劳动能力的部分贫困人口转为护林员等生态保护人员。合理调整贫困地区基本农田保有指标，加大贫困地区新一轮退耕还林还草力度。开展贫困地区生态综合补偿试点，健全公益林补偿标准动态调整机制，完善草原生态保护补助奖励政策，推动地区间建立横向生态补偿制度。

（九）着力加强教育脱贫

加快实施教育扶贫工程，让贫困家庭子女都能接受公平有质量的教育，阻断贫困代际传递。国家教育经费向贫困地区、基础教育倾斜。健全学前教育资助制度，帮助农村贫困家庭幼儿接受学前教育。稳步推进贫困地区农村义务教育阶段学生营养改善计划。加大对乡村教师队伍建设的支持力度，特岗计划、国培计划向贫困地区基层倾斜，为贫困地区乡村学校定向培养留得下、稳得住的一专多能教师，制定符合基层实际的教师招聘引进办法，建立省级统筹乡村教师补充机制，推动城乡教师合理流动和对口支援。全面落实连片特困地区乡村教师生活补助政策，建立乡村教师荣誉制度。合理布局贫困地区农村中小学校，改善基本办学条件，加快标准化建设，加强寄宿制学校建设，提高义务教育巩固率。普及高中阶段教育，率先从建档立卡的家庭经济困难学生实施普通高中免除学杂费、中等职业教育免除学杂费，让未升入普通高中的初中毕业生都能接受中等职业教育。加强有专业特色并适应市场需求的中等职业学校建设，提高中等职业教育国家助学金资助标准。努力办好贫困地区特殊教育和远程教育。建立保障农村和贫困地区学生上重点高校的长效机制，加大对贫困家庭大学生的救助力度。对贫困家庭离校未就业的高校毕业生提供就业支持。实施教育扶贫结对帮扶行动计划。

（十）开展医疗保险和医疗救助脱贫

实施健康扶贫工程，保障贫困人口享有基本医疗卫生服务，努力防止因病致贫、因病返贫。对贫困人口参加新型农村合作医疗个人缴费部分由财政给予补贴。新型农村合作医疗和大病保险制度对贫困人口实行政策倾斜，门诊统筹率先覆盖所有贫困地区，降低贫困人口大病费用实际支出，对新型农村合作医疗和大病保险支付后自负费用仍有困难的，加大医疗救助、临时救助、慈善救助等帮扶力度，将贫困人口全部纳入重特大疾病救助范围，使贫困人口大病医治得到有效保障。加大农村贫困残疾人康复服务和医疗救助力度，扩大纳入基本医疗保险范围的残疾人医疗康复项目。建立贫困人口健康卡。对贫困人口大病实行分类救治和先诊疗后付费的结算机制。建立全国三级医院（含军队和武警部队医院）与连片特困地区县和国家扶贫开发工作重点县县级医院稳定持续的一对一帮扶关系。完成贫困地区县乡村三级医疗卫生服务网络标准化建设，积极促进远程医疗诊治和保健咨询服务向贫困地区延伸。为贫困地区县乡医疗卫生机构订单定向免费培养医学类本专科学生，支持贫困地区实施全科医生和专科医生特设岗位计划，制定符合基层实际的人才招聘引进办法。支持和引导符合条件的贫困地区乡村医生按规定参加城镇职工基本养老保险。采取针对性措施，加强贫困地区传染病、地方病、慢性病等防治工作。全面实施贫困地区儿童营养改善、新生儿疾病免费筛查、妇女"两癌"免费筛查、孕前优生健康免费检查等重大公共卫生项目。加强贫困地区计划生育服务管理工作。

（十一）实行农村最低生活保障制度兜底脱贫

完善农村最低生活保障制度，对无法依靠产业扶持和就业帮助脱贫的家庭实行政策性保障兜底。加大农村低保省级统筹力度，低保标准较低的地区要逐步达到国家扶贫标准。尽快制定农村最低生活保障制度与扶贫开发政策有效衔接的实施方案。进一步加强农村低保申请家庭经济状况核查工作，将所有符合条件的贫困家庭纳入低保范围，做到应保尽保。加大临时救助制度在贫困地区落实力度。提高农村特困人员供养水平，改善供养条件。抓紧建立农村低保和扶贫开发的数据互通、资源共享信息平台，实现动态监测管理、工作机制有效衔接。加快完善城乡居民基本养老保险制度，适时提高基础养老金标准，引导农村贫困人口积极参保续保，逐步提高保障水平。有条件、有需求地区可以实施"以粮济贫"。

（十二）探索资产收益扶贫

在不改变用途的情况下，财政专项扶贫资金和其他涉农资金投入设施农业、养殖、光伏、水电、乡村旅游等项目形成的资产，具备条件的可折股量化给贫困村和贫困户，尤其是丧失劳动能力的贫困户。资产可由村集体、合作社或其他经营主体统一经营。要强化监督管理，明确资产运营方对财政资金形成资产的保值增值责任，建立健全收益分配机制，确保资产收益及时回馈持股贫困户。支持农民合作社和其他经营主体通过土地托管、牲畜托养和吸收农民土地经营权入股等方式，带动贫困户增收。贫困地区水电、矿产等资源开发，赋予土地被占用的村集体股权，让贫困人口分享资源开发收益。

（十三）健全留守儿童、留守妇女、留守老人和残疾人关爱服务体系

对农村"三留守"人员和残疾人进行全面摸底排查，建立详实完备、动态更新的信息管理系统。加强儿童福利院、救助保护机构、特困人员供养机构、残疾人康复托养机构、社区儿童之家等服务设施和队伍建设，不断提高管理服务水平。建立家庭、学校、基层组织、政府和社会力量相衔接的留守儿童关爱服务网络。加强对未成年人的监护。健全孤儿、事实无人抚养儿童、低收入家庭重病重残等困境儿童的福利保障体系。健全发现报告、应急处置、帮扶干预机制，帮助特殊贫困家庭解决实际困难。加大贫困残疾人康复工程、特殊教育、技能培训、托养服务实施力度。针对残疾人的特殊困难，全面建立困难残疾人生活补贴和重度残疾人护理补贴制度。对低保家庭中的老年人、未成年人、重度残疾人等重点救助对象，提高救助水平，确保基本生活。引导和鼓励社会力量参与特殊群体关爱服务工作。

四、加强贫困地区基础设施建设，加快破除发展瓶颈制约

（十四）加快交通、水利、电力建设

推动国家铁路网、国家高速公路网连接贫困地区的重大交通项目建设，提高国道省道技术标准，构建贫困地区外通内联的交通运输通道。大幅度增加中央投资投入中西部地区和贫困地区的铁路、

公路建设，继续实施车购税对农村公路建设的专项转移政策，提高贫困地区农村公路建设补助标准，加快完成具备条件的乡镇和建制村通硬化路的建设任务，加强农村公路安全防护和危桥改造，推动一定人口规模的自然村通公路。加强贫困地区重大水利工程、病险水库水闸除险加固、灌区续建配套与节水改造等水利项目建设。实施农村饮水安全巩固提升工程，全面解决贫困人口饮水安全问题。小型农田水利、"五小水利"工程等建设向贫困村倾斜。对贫困地区农村公益性基础设施管理养护给予支持。加大对贫困地区抗旱水源建设、中小河流治理、水土流失综合治理力度。加强山洪和地质灾害防治体系建设。大力扶持贫困地区农村水电开发。加强贫困地区农村气象为农服务体系和灾害防御体系建设。加快推进贫困地区农网改造升级，全面提升农网供电能力和供电质量，制定贫困村通动力电规划，提升贫困地区电力普遍服务水平。增加贫困地区年度发电指标。提高贫困地区水电工程留存电量比例。加快推进光伏扶贫工程，支持光伏发电设施接入电网运行，发展光伏农业。

（十五）加大"互联网+"扶贫力度

完善电信普遍服务补偿机制，加快推进宽带网络覆盖贫困村。实施电商扶贫工程。加快贫困地区物流配送体系建设，支持邮政、供销合作等系统在贫困乡村建立服务网点。支持电商企业拓展农村业务，加强贫困地区农产品网上销售平台建设。加强贫困地区农村电商人才培训。对贫困家庭开设网店给予网络资费补助、小额信贷等支持。开展互联网为农便民服务，提升贫困地区农村互联网金融服务水平，扩大信息进村入户覆盖面。

（十六）加快农村危房改造和人居环境整治

加快推进贫困地区农村危房改造，统筹开展农房抗震改造，把建档立卡贫困户放在优先位置，提高补助标准，探索采用贷款贴息、建设集体公租房等多种方式，切实保障贫困户基本住房安全。加大贫困村生活垃圾处理、污水治理、改厕和村庄绿化美化力度。加大贫困地区传统村落保护力度。继续推进贫困地区农村环境连片整治。加大贫困地区以工代赈投入力度，支持农村山水田林路建设和小流域综合治理。财政支持的微小型建设项目，涉及贫困村的，允许按照一事一议方式直接委托村级组织自建自管。以整村推进为平台，加快改善贫困村生产生活条件，扎实推进美丽宜居乡村建设。

（十七）重点支持革命老区、民族地区、边疆地区、连片特困地区脱贫攻坚

出台加大脱贫攻坚力度支持革命老区开发建设指导意见，加快实施重点贫困革命老区振兴发展规划，扩大革命老区财政转移支付规模。加快推进民族地区重大基础设施项目和民生工程建设，实施少数民族特困地区和特困群体综合扶贫工程，出台人口较少民族整体脱贫的特殊政策措施。改善边疆民族地区义务教育阶段基本办学条件，建立健全双语教学体系，加大教育对口支援力度，积极发展符合民族地区实际的职业教育，加强民族地区师资培训。加强少数民族特色村镇保护与发展。大力推进兴边富民行动，加大边境地区转移支付力度，完善边民补贴机制，充分考虑边境地区特殊需要，集中改善边民生产生活条件，扶持发展边境贸易和特色经济，使边民能够安心生产生活、安心守边固边。完善片区联系协调机制，加快实施集中连片特殊困难地区区域发展与脱贫攻坚规划。加大中央投入力度，采取特殊扶持政策，推进西藏、四省藏区和新疆南疆四地州脱贫攻坚。

五、强化政策保障，健全脱贫攻坚支撑体系

（十八）加大财政扶贫投入力度

发挥政府投入在扶贫开发中的主体和主导作用，积极开辟扶贫开发新的资金渠道，确保政府扶贫投入力度与脱贫攻坚任务相适应。中央财政继续加大对贫困地区的转移支付力度，中央财政专项扶贫资金规模实现较大幅度增长，一般性转移支付资金、各类涉及民生的专项转移支付资金和中央预算内投资进一步向贫困地区和贫困人口倾斜。加大中央集中彩票公益金对扶贫的支持力度。农业综合开发、农村综合改革转移支付等涉农资金要明确一定比例用于贫困村。各部门安排的各项惠民政策、项目和工程，要最大限度地向贫困地区、贫困村、贫困人口倾斜。各省（自治区、直辖市）要根据本地脱贫攻坚需要，积极调整省级财政支出结构，切实加大扶贫资金投入。从 2016 年起通过扩大中央和地方财政支出规模，增加对贫困地区水电路气网等基础设施建设和提高基本公共服务水平的投入。建立健全脱贫攻坚多规划衔接、多部门协调长效机制，整合目标相近、方向类同的涉农资金。按照权责一致原则，支持连片特困地区县和国家扶贫开发工作重点县围绕本县突出问题，以扶贫规划为引领，以重点扶贫项目为平台，把专项扶贫资金、相关涉农资金和社会帮扶资金捆绑集中使用。严格落实国家在贫困地区安排的公益性建设项目取消县级和西部连片特困地区地市级配套资金的政策，并加大中央和省级财政投资补助比重。在扶贫开发中推广政府与社会资本合作、政府购买服务等模式。加强财政监督检查和审计、稽查等工作，建立扶贫资金违规使用责任追究制度。纪检监察机关对扶贫领域虚报冒领、截留私分、贪污挪用、挥霍浪费等违法违规问题，坚决从严惩处。推进扶贫开发领域反腐倡廉建设，集中整治和加强预防扶贫领域职务犯罪工作。贫困地区要建立扶贫公告公示制度，强化社会监督，保障资金在阳光下运行。

（十九）加大金融扶贫力度

鼓励和引导商业性、政策性、开发性、合作性等各类金融机构加大对扶贫开发的金融支持。运用多种货币政策工具，向金融机构提供长期、低成本的资金，用于支持扶贫开发。设立扶贫再贷款，实行比支农再贷款更优惠的利率，重点支持贫困地区发展特色产业和贫困人口就业创业。运用适当的政策安排，动用财政贴息资金及部分金融机构的富余资金，对接政策性、开发性金融机构的资金需求，拓宽扶贫资金来源渠道。由国家开发银行和中国农业发展银行发行政策性金融债，按照微利或保本的原则发放长期贷款，中央财政给予90%的贷款贴息，专项用于易地扶贫搬迁。国家开发银行、中国农业发展银行分别设立"扶贫金融事业部"，依法享受税收优惠。中国农业银行、邮政储蓄银行、农村信用社等金融机构要延伸服务网络，创新金融产品，增加贫困地区信贷投放。对有稳定还款来源的扶贫项目，允许采用过桥贷款方式，撬动信贷资金投入。按照省（自治区、直辖市）负总责的要求，建立和完善省级扶贫开发投融资主体。支持农村信用社、村镇银行等金融机构为贫困户提供免抵押、免担保扶贫小额信贷，由财政按基础利率贴息。加大创业担保贷款、助学贷款、妇女小额贷款、康复扶贫贷款实施力度。优先支持在贫困地区设立村镇银行、小额贷款公司等机构。支持贫困地区培育发展农民资金互助组织，开展农民合作社信用合作试点。支持贫困地区设立扶贫贷款风险补偿基金。支持贫困地区设立政府出资的融资担保机构，重点开展扶贫担保业务。积极发展扶贫小额贷款保证保险，对贫困户保证保险保费予以补助。扩大农业保险覆盖面，通过中央财政以奖代补等支持贫困地区特色农产品保险发展。加强贫困地区金融服务基础设施建设，优化金融生态环境。支持贫困地区开展特色农产品价格保险，有条件的地方可给予一定保费补贴。有效拓展贫困地区抵押物担保范围。

（二十）完善扶贫开发用地政策

支持贫困地区根据第二次全国土地调查及最新年度变更调查成果，调整完善土地利用总体规划。新增建设用地计划指标优先保障扶贫开发用地需要，专项安排国家扶贫开发工作重点县年度新增建设用地计划指标。中央和省级在安排土地整治工程和项目、分配下达高标准基本农田建设计划和补助资金时，要向贫困地区倾斜。在连片特困地区和国家扶贫开发工作重点县开展易地扶贫搬迁，允许将城乡建设用地增减挂钩指标在省域范围内使用。在有条件的贫困地区，优先安排国土资源管理制度改革试点，支持开展历史遗留工矿废弃地复垦利用、城镇低效用地再开发和低丘缓坡荒滩等未利用地开发利用试点。

（二十一）发挥科技、人才支撑作用

加大科技扶贫力度，解决贫困地区特色产业发展和生态建设中的关键技术问题。加大技术创新引导专项（基金）对科技扶贫的支持，加快先进适用技术成果在贫困地区的转化。深入推行科技特派员制度，支持科技特派员开展创业式扶贫服务。强化贫困地区基层农技推广体系建设，加强新型职业农民培训。

加大政策激励力度，鼓励各类人才扎根贫困地区基层建功立业，对表现优秀的人员在职称评聘等方面给予倾斜。大力实施边远贫困地区、边疆民族地区和革命老区人才支持计划，贫困地区本土人才培养计划。积极推进贫困村创业致富带头人培训工程。

六、广泛动员全社会力量，合力推进脱贫攻坚

（二十二）健全东西部扶贫协作机制

加大东西部扶贫协作力度，建立精准对接机制，使帮扶资金主要用于贫困村、贫困户。东部地区要根据财力增长情况，逐步增加对口帮扶财政投入，并列入年度预算。强化以企业合作为载体的扶贫协作，鼓励东西部按照当地主体功能定位共建产业园区，推动东部人才、资金、技术向贫困地区流动。启动实施经济强县（市）与国家扶贫开发工作重点县"携手奔小康"行动，东部各省（直辖市）在努力做好本区域内扶贫开发工作的同时，更多发挥县（市）作用，与扶贫协作省份的国家扶贫开发工作重点县开展结对帮扶。建立东西部扶贫协作考核评价机制。

（二十三）健全定点扶贫机制

进一步加强和改进定点扶贫工作，建立考核评价机制，确保各单位落实扶贫责任。深入推进中央企业定点帮扶贫困革命老区县"百县万村"活动。完善定点扶贫牵头联系机制，各牵头部门要按照分工督促指导各单位做好定点扶贫工作。

（二十四）健全社会力量参与机制

鼓励支持民营企业、社会组织、个人参与扶贫开发，实现社会帮扶资源和精准扶贫有效对接。引导社会扶贫重心下移，自愿包村包户，做到贫困户都有党员干部或爱心人士结对帮扶。吸纳农村贫困人口就业的企业，按规定享受税收优惠、职业培

训补贴等就业支持政策。落实企业和个人公益扶贫捐赠所得税税前扣除政策。充分发挥各民主党派、无党派人士在人才和智力扶贫上的优势和作用。工商联系统组织民营企业开展"万企帮万村"精准扶贫行动。通过政府购买服务等方式，鼓励各类社会组织开展到村到户精准扶贫。完善扶贫龙头企业认定制度，增强企业辐射带动贫困户增收的能力。鼓励有条件的企业设立扶贫公益基金和开展扶贫公益信托。发挥好"10·17"全国扶贫日社会动员作用。实施扶贫志愿者行动计划和社会工作专业人才服务贫困地区计划。着力打造扶贫公益品牌，全面及时公开扶贫捐赠信息，提高社会扶贫公信力和美誉度。构建社会扶贫信息服务网络，探索发展公益众筹扶贫。

七、大力营造良好氛围，为脱贫攻坚提供强大精神动力

（二十五）创新中国特色扶贫开发理论

深刻领会习近平总书记关于新时期扶贫开发的重要战略思想，系统总结我们党和政府领导亿万人民摆脱贫困的历史经验，提炼升华精准扶贫的实践成果，不断丰富完善中国特色扶贫开发理论，为脱贫攻坚注入强大思想动力。

（二十六）加强贫困地区乡风文明建设

培育和践行社会主义核心价值观，大力弘扬中华民族自强不息、扶贫济困传统美德，振奋贫困地区广大干部群众精神，坚定改变贫困落后面貌的信心和决心，凝聚全党全社会扶贫开发强大合力。倡导现代文明理念和生活方式，改变落后风俗习惯，善于发挥乡规民约在扶贫济困中的积极作用，激发贫困群众奋发脱贫的热情。推动文化投入向贫困地区倾斜，集中实施一批文化惠民扶贫项目，普遍建立村级文化中心。深化贫困地

区文明村镇和文明家庭创建。推动贫困地区县级公共文化体育设施达到国家标准。支持贫困地区挖掘保护和开发利用红色、民族、民间文化资源。鼓励文化单位、文艺工作者和其他社会力量为贫困地区提供文化产品和服务。

(二十七)扎实做好脱贫攻坚宣传工作

坚持正确舆论导向,全面宣传我国扶贫事业取得的重大成就,准确解读党和政府扶贫开发的决策部署、政策举措,生动报道各地区各部门精准扶贫、精准脱贫丰富实践和先进典型。建立国家扶贫荣誉制度,表彰对扶贫开发作出杰出贡献的组织和个人。加强对外宣传,讲好减贫的中国故事,传播好减贫的中国声音,阐述好减贫的中国理念。

(二十八)加强国际减贫领域交流合作

通过对外援助、项目合作、技术扩散、智库交流等多种形式,加强与发展中国家和国际机构在减贫领域的交流合作。积极借鉴国际先进减贫理念与经验。履行减贫国际责任,积极落实联合国2030年可持续发展议程,对全球减贫事业作出更大贡献。

八、切实加强党的领导,为脱贫攻坚提供坚强政治保障

(二十九)强化脱贫攻坚领导责任制

实行中央统筹、省(自治区、直辖市)负总责、市(地)县抓落实的工作机制,坚持片区为重点、精准到村到户。党中央、国务院主要负责统筹制定扶贫开发大政方针,出台重大政策举措,规划重大工程项目。省(自治区、直辖市)党委和政府对扶贫开发工作负总责,抓好目标确定、项目下达、资金投放、组织动员、监督考核等工作。市(地)党委和政府要做好上下衔接、域内协调、督促检查工作,把精力集中在贫困县如

期摘帽上。县级党委和政府承担主体责任，书记和县长是第一责任人，做好进度安排、项目落地、资金使用、人力调配、推进实施等工作。要层层签订脱贫攻坚责任书，扶贫开发任务重的省（自治区、直辖市）党政主要领导要向中央签署脱贫责任书，每年要向中央作扶贫脱贫进展情况的报告。省（自治区、直辖市）党委和政府要向市（地）、县（市）、乡镇提出要求，层层落实责任制。中央和国家机关各部门要按照部门职责落实扶贫开发责任，实现部门专项规划与脱贫攻坚规划有效衔接，充分运用行业资源做好扶贫开发工作。军队和武警部队要发挥优势，积极参与地方扶贫开发。改进县级干部选拔任用机制，统筹省（自治区、直辖市）内优秀干部，选好配强扶贫任务重的县党政主要领导，把扶贫开发工作实绩作为选拔使用干部的重要依据。脱贫攻坚期内贫困县县级领导班子要保持稳定，对表现优秀、符合条件的可以就地提级。加大选派优秀年轻干部特别是后备干部到贫困地区工作的力度，有计划地安排省部级后备干部到贫困县挂职任职，各省（自治区、直辖市）党委和政府也要选派厅局级后备干部到贫困县挂职任职。各级领导干部要自觉践行党的群众路线，切实转变作风，把严的要求、实的作风贯穿于脱贫攻坚始终。

（三十）发挥基层党组织战斗堡垒作用

加强贫困乡镇领导班子建设，有针对性地选配政治素质高、工作能力强、熟悉"三农"工作的干部担任贫困乡镇党政主要领导。抓好以村党组织为领导核心的村级组织配套建设，集中整顿软弱涣散村党组织，提高贫困村党组织的创造力、凝聚力、战斗力，发挥好工会、共青团、妇联等群团组织的作用。选好配强村级领导班子，突出抓好村党组织带头人队伍建设，充分发挥党员先锋模范作用。完善村级组织运转经费保障机制，将村干部报酬、村办公经费和其他必要支出作为保障重点。注重选派思想好、作风正、能力强的优秀年轻干部到贫困地区驻村，选聘高校毕业生到贫困村工作。根据贫困村的实际需求，精准选配第一书记，精准选派驻村工作队，提高县以上机关派出干部比例。加大驻村干部考核力度，不稳定脱贫不撤队伍。对在基层一线干出成绩、群众欢迎的驻村干部，要重点培养使用。加快推进贫困村村务监督委员会建设，继续落实好"四议两公开"、村务联席会等制度，健全党组织领导的村民自治机制。在有实际需要的地区，探索在村民小组或自然村开展村民自治，通过议事协商，组织群众自觉广泛参与扶贫开发。

（三十一）严格扶贫考核督查问责

抓紧出台中央对省（自治区、直辖市）党委和政府扶贫开发工作成效考核办法。建立年度扶贫开发工作逐级督查制度，选择重点部门、重点地区进行联合督查，对落实不力的部门和地区，国务院扶贫开发领导小组要向党中央、国务院报告并提出责任追究建议，对未完成年度减贫任务的省份要对党政主要领导进行约谈。各省（自治区、直辖市）党委和政府要加快出台对贫困县扶贫绩效考核办法，大幅度提高减贫指标在贫困县经济社会发展实绩考核指标中的权重，建立扶贫工作责任清单。加快落实对限制开发区域和生态脆弱的贫困县取消地区生产总值考核的要求。落实贫困县约束机制，严禁铺张浪费，厉行勤俭节约，严格控制"三公"经费，坚决刹住穷县"富衙"、"戴帽"炫富之风，杜绝不切实际的形象工程。建立重大涉贫事件的处置、反馈机制,在处置典型事件中发现问题,不断提高扶贫工作水平。加强农村贫困统计监测体系建设,提高监测能力和数据质量,实现数据共享。

(三十二) 加强扶贫开发队伍建设

稳定和强化各级扶贫开发领导小组和工作机构。扶贫开发任务重的省(自治区、直辖市)、市(地)、县(市)扶贫开发领导小组组长由党政主要负责同志担任,强化各级扶贫开发领导小组决策部署、统筹协调、督促落实、检查考核的职能。加强与精准扶贫工作要求相适应的扶贫开发队伍和机构建设,完善各级扶贫开发机构的设置和职能,充实配强各级扶贫开发工作力度。扶贫任务重的乡镇要有专门干部负责扶贫开发工作。加强贫困地区县级领导干部和扶贫干部思想作风建设,加大培训力度,全面提升扶贫干部队伍能力水平。

(三十三) 推进扶贫开发法治建设

各级党委和政府要切实履行责任,善于运用法治思维和法治方式推进扶贫开发工作,在规划编制、项目安排、资金使用、监督管理等方面,提高规范化、制度化、法治化水平。强化贫困地区社会治安防控体系建设和基层执法队伍建设。健全贫困地区公共法律服务制度,切实保障贫困人口合法权益。完善扶贫开发法律法规,抓紧制定扶贫开发条例。

让我们更加紧密地团结在以习近平同志为总书记的党中央周围,凝心聚力,精准发力,苦干实干,坚决打赢脱贫攻坚战,为全面建成小康社会、实现中华民族伟大复兴的中国梦而努力奋斗。

"十三五"脱贫攻坚规划

国务院关于印发"十三五"脱贫攻坚规划的通知

国发〔2016〕64号

各省、自治区、直辖市人民政府，国务院各部委、各
直属机构：

　　现将《"十三五"脱贫攻坚规划》印发给你们，请
认真贯彻执行。

国务院

2016 年 11 月 23 日

　　消除贫困、改善民生、逐步实现共同富裕，是社会主义的
本质要求，是我们党的重要使命。"十三五"时期，是全面建成
小康社会、实现第一个百年奋斗目标的决胜阶段，也是打赢脱
贫攻坚战的决胜阶段。本规划根据《中国农村扶贫开发纲要
（2011—2020 年）》、《中共中央 国务院关于打赢脱贫攻坚战的
决定》和《中华人民共和国国民经济和社会发展第十三个五年
规划纲要》编制，主要阐明"十三五"时期国家脱贫攻坚总体
思路、基本目标、主要任务和重大举措，是指导各地脱贫攻坚
工作的行动指南，是各有关方面制定相关扶贫专项规划的重要
依据。

　　规划范围包括 14 个集中连片特困地区的片区县、片区外国

家扶贫开发工作重点县，以及建档立卡贫困村和建档立卡贫困户。

第一章　总体要求

第一节　面临形势

改革开放以来，在全党全社会的共同努力下，我国成功解决了几亿农村贫困人口的温饱问题，成为世界上减贫人口最多的国家，探索和积累了许多宝贵经验。党的十八大以来，以习近平同志为核心的党中央把扶贫开发摆到治国理政的重要位置，提升到事关全面建成小康社会、实现第一个百年奋斗目标的新高度，纳入"五位一体"总体布局和"四个全面"战略布局进行决策部署，加大扶贫投入，创新扶贫方式，出台系列重大政策措施，扶贫开发取得巨大成就。2011 年至 2015 年，现行标准下农村贫困人口减少 1 亿多人、贫困发生率降低 11.5 个百分点，贫困地区农民收入大幅提升，贫困人口生产生活条件明显改善，上学难、就医难、行路难、饮水不安全等问题逐步缓解，基本公共服务水平与全国平均水平差距趋于缩小，为打赢脱贫攻坚战创造了有利条件。

当前，贫困问题依然是我国经济社会发展中最突出的"短板"，脱贫攻坚形势复杂严峻。从贫困现状看，截至 2015 年底，我国还有 5630 万农村建档立卡贫困人口，主要分布在 832 个国家扶贫开发工作重点县、集中连片特困地区县（以下统称贫困县）和 12.8 万个建档立卡贫困村，多数西部省份的贫困发生率在 10% 以上，民族 8 省区贫困发生率达 12.1%。现有贫困人口贫困程度更深、减贫成本更高、脱贫难度更大，依靠常规举措难以摆脱贫困状况。从发展环境看，经济形势更加错综复杂，经济下行压力大，地区经济发展分化对缩小贫困地区与全国发展差距带来新挑战；贫困地区县级财力薄弱，基础设施瓶颈制约依然明显，基本公共服务供给能力不足；产业发展活力不强，结构单一，环境约束趋紧，粗放式资源开发模式难以为继；贫困人口就业渠道狭窄，转移就业和增收难度大。实现到2020年打赢脱贫攻坚战的目标，时间特别紧迫，任务特别艰巨。

"十三五"时期，新型工业化、信息化、城镇化、农业现代化同步推进和国家重大区域发展战略加快实施，为贫困地区发展提供了良好环境和重大机遇，特别是国家综合实力不断增强，为打赢脱贫攻坚战奠定了坚实的物质基础。中央扶贫开发工作会议确立了精准扶贫、精准脱贫基本方略，党中央、国务院制定出台了系列重大政策措施，为举全国之力打赢脱贫攻坚战提供了坚强的政治保证和制度保障；各地区各部门及社会各界积极行动、凝神聚气、锐意进取，形成强大合力；贫困地区广大干部群众盼脱贫、谋发展的意愿强烈，内生动力和活力不断激发，脱贫攻坚已经成为全党全社会的统一意志和共同行动。

打赢脱贫攻坚战，确保到2020年现行标准下农村贫困人口实现脱贫，是促进全体人民共享改革发展成果、实现共同富裕的重大举措，是促进区域协调发展、跨越"中等收入陷阱"的重要途径，是促进民族团结、边疆稳固的重要保证，是全面建成小康社会的重要内容，是积极响应联合国2030年可持续发展议程的重要行动，事关人民福祉，事关党的执政基础和国家长治久安，使命光荣、责任重大。

第二节　指导思想

全面贯彻党的十八大和十八届三中、四中、五中、六中全会以及中央扶贫开发工作会议精神，深入贯彻习近平总书记系列重要讲话精神和治国理政新理念新思想新战略，统筹推进"五位一体"总体布局和协调推进"四个全面"战略布局，牢固树立和贯彻落实创新、协调、绿色、开放、共享的发展理念，按照党中央、国务院决策部署，坚持精准扶贫、精准脱贫基本方略，坚持精准帮扶与区域整体开发有机结合，以革命老区、民族地区、边疆地区和集中连片特困地区为重点，以社会主义政治制度为根本保障，不断创新体制机制，充分发挥政府、市场和社会协同作用，充分调动贫困地区干部群众的内生动力，大力推进实施一批脱贫攻坚工程，加快破解贫困地区区域发展瓶颈制约，不断增强贫困地区和贫困人口自我发展能力，确保与全国同步进入全面小康社会。

必须遵循以下原则：

——坚持精准扶贫、精准脱贫。坚持以"六个精准"统领贫困地区脱贫攻坚工作，精确瞄准、因地制宜、分类施策，大力实施精准扶贫脱贫工程，变"大水漫灌"为"精准滴灌"，做到真扶贫、扶真贫、真脱贫。

——坚持全面落实主体责任。充分发挥政治优势和制度优势，强化政府在脱贫攻坚中的主体责任，创新扶贫考评体系，加强脱贫成效考核。按照中央统筹、省负总责、市县抓落实的工作机制，坚持问题导向和目标导向，压实责任、强力推进。

——坚持统筹推进改革创新。脱贫攻坚工作要与经济社会发展各领域工作相衔接，与新型工业化、信息化、城镇化、农业现代化相统筹，充分发挥政府主导和市场机制作用，稳步提高贫困人口增收脱贫能力，逐步解决区域性整体贫困问题。加强改革创新，不断完善资金筹措、资源整合、利益联结、监督考评等机制，形成有利于发挥各方面优势、全社会协同推进的大扶贫开发格局。

——坚持绿色协调可持续发展。牢固树立绿水青山就是金山银山的理念，把贫困地区生态环境保护摆在更加重要位置，探索生态脱贫有效途径，推动扶贫开发与资源环境相协调、脱贫致富与可持续发展相促进，使贫困人口从生态保护中得到更多实惠。

——坚持激发群众内生动力活力。坚持群众主体地位，保障贫困人口平等参与、平等发展权利，充分调动贫困地区广大干部群众积极性、主动性、创造性，发扬自强自立精神，依靠自身努力改变贫困落后面貌，实现光荣脱贫。

第三节　脱贫目标

到 2020 年，稳定实现现行标准下农村贫困人口不愁吃、不愁穿，义务教育、基本医疗和住房安全有保障（以下称"两不愁、三保障"）。贫困地区农民人均可支配收入比 2010 年翻一番以上，增长幅度高于全国平均水平，基本公共服务主要领域指标接近全国平均水平。确保我国现行标准下农村贫困人口实现脱贫，贫困县全部摘帽，解决区域性整体贫困。

专栏1 "十三五"时期贫困地区发展和贫困人口脱贫主要指标

指　　标	2015 年	2020 年	属性	数据来源
建档立卡贫困人口（万人）	5630[①]	实现脱贫	约束性	国务院扶贫办
建档立卡贫困村（万个）	12.8	0	约束性	国务院扶贫办
贫困县（个）	832[②]	0	约束性	国务院扶贫办
实施易地扶贫搬迁贫困人口（万人）	—	981	约束性	国家发展改革委、国务院扶贫办
贫困地区农民人均可支配收入增速（%）	11.7	年均增速高于全国平均水平	预期性	国家统计局
贫困地区农村集中供水率（%）	75	≥83	预期性	水利部
建档立卡贫困户存量危房改造率（%）	—	近 100	约束性	住房城乡建设部、国务院扶贫办
贫困县义务教育巩固率（%）	90	93	预期性	教育部
建档立卡贫困户因病致（返）贫户数（万户）	838.5	基本解决	预期性	国家卫生计生委
建档立卡贫困村村集体经济年收入（万元）	2	≥5	预期性	国务院扶贫办

①国家统计局抽样统计调查显示，截至2015年底全国农村贫困人口为5575万人。根据国务院扶贫办扶贫开发建档立卡信息系统识别认定，截至2015年底全国农村建档立卡贫困人口为5630万人。按照精准扶贫、精准脱贫要求，为确保脱贫一户、销号一户，本规划使用扶贫开发建档立卡信息系统核定的贫困人口数。

②此外，还有新疆维吾尔自治区阿克苏地区6县1市享受片区政策。

——现行标准下农村建档立卡贫困人口实现脱贫。贫困户有稳定收入来源，人均可支配收入稳定超过国家扶贫标准，实现"两不愁、三保障"。

——建档立卡贫困村有序摘帽。村内基础设施、基本公共服务设施和人居环境明显改善，基本农田和农田水利等设施水平明显提高，特色产业基本形成，集体经济有一定规模，社区管理能力不断增强。

——贫困县全部摘帽。县域内基础设施明显改善，基本公共服务能力和水平进一步提升，全面解决出行难、上学难、就医难等问题，社会保障实现全覆盖，县域经济发展壮大，生态环境有效改善，可持续发展能力不断增强。

第二章　产业发展脱贫

立足贫困地区资源禀赋，以市场为导向，充分发挥农民合作组织、龙头企业等市场主体作用，建立健全产业到户到人的精准扶持机制，每个贫困县建成一批脱贫带动能力强的特色产业，每个贫困乡、村形成特色拳头产品，贫困人口劳动技能得到提升，贫困户经营性、财产性收入稳定增加。

第一节　农林产业扶贫

优化发展种植业。粮食主产县要大规模建设集中连片、旱涝保收、稳产高产、生态友好的高标准农田，巩固提升粮食生产能力。非粮食主产县要大力调整种植结构，重点发展适合当地气候特点、经济效益好、市场潜力大的品种，建设一批贫困人口参与度高、受益率高的种植基地，大力发展设施农业，积极支持园艺作物标准化创建。适度发展高附加值的特色种植业。生态退化地区要坚持生态优先，发展低耗水、有利于生态环境恢复的特色作物种植，实现种地养地相结合。

积极发展养殖业。因地制宜在贫困地区发展适度规模标准化养殖，加强动物疫病防控工作，建立健全畜禽水产良种繁育体系，加强地方品种保护与利用，发展地方特色畜牧业。通过实施退牧还草等工程和草原生态保护补助奖励政策，提高饲草供给能力和质量，大力发展草食畜牧业，坚持草畜平衡。积极推广适合贫困地区发展的农牧结合、粮草兼顾、生态循环种养模式。有序发展健康水产养殖业，加快池塘标准化改造，推进稻田综合种养工程，积极发展环保型养殖方式，打造区域特色水产生态养殖品牌。

大力发展林产业。结合国家生态建设工程，培育一批兼具生态和经济效益的特色林产业。因地制宜大力推进木本油料、特色林果、林下经济、竹藤、花卉等产业发展，打造一批特色示范基地，带动贫困人口脱贫致富。着力提高木本油料生产加工水平，扶持发展以干鲜果品、竹藤、速生丰产林、松脂等为原料的林产品加工业。

促进产业融合发展。深度挖掘农业多种功能，培育壮大新产业、新业态，推进农业与旅游、文化、健康养老等产业深度融合，加快形成农村一二三产业融合发展的现代产业体系。积极发展特色农产品加工业，鼓励地方扩大贫困地区农产品产地初加工补助政策实施区域，加强农产品加工技术研发、引进、示范和推广。引导农产品加工业向贫困地区县域、重点乡镇和产业园区集中，打造产业集群。推动农产品批发市场、产地集配中心等流通基础设施以及鲜活农产品冷链物流设施建设，促进跨区域农产品产销衔接。加快实施农业品牌战略，积极培育品牌特色农产品，促进供需结构升级。加快发展无公害农产品、绿色食品、有机农产品和地理标志农产品。

扶持培育新型经营主体。培育壮大贫困地区农民专业合作社、龙头企业、种养大户、家庭农（林）场、股份制农（林）场等新型经营主体，支持发展产供直销，鼓励采取订单帮扶模式对贫困户开展定向帮扶，提供全产业链服务。支持各类新型经营主体通过土地托管、土地流转、订单农业、牲畜托养、土地经营权股份合作等方式，与贫困村、贫困户建立稳定的利益联结机制，使贫困户从中直接受益。鼓励贫困地区各类企业开展农业对外合作，提升经营管理水平，扩大农产品出口。推进贫困地区农民专业合作社示范社创建，鼓励组建联合社。现代青年农场主培养计划向贫困地区倾斜。

加大农林技术推广和培训力度。强化贫困地区基层农业技术推广体系建设。鼓励科研机构和企业加强对地方特色动植物资源、优良品种的保护和开发利用。支持农业科研机构、技术推广机构建立互联网信息帮扶平台，向贫困户免费传授技术、提供信息。强化新型职业农民培育，扩大贫困地区培训覆盖面，实施农村实用人才带头人和大学生村官示范培训，加大对脱贫致富带头人、驻村工作队和大学生村官培养力度。对农村贫困家庭劳动力进行农林技术培训，确保有劳动力的贫困户中至少有1名成员掌握1项实用技术。

专栏2 产业扶贫工程

（一）农林种养产业扶贫工程。

重点实施"一村一品"强村富民、粮油扶贫、园艺作物扶贫、畜牧业扶贫、水产扶贫、中草药扶贫、林果扶贫、木本油料扶贫、林下经济扶贫、林木种苗扶贫、花卉产业扶贫、竹产业扶贫等专项工程。

（二）农村一二三产业融合发展试点示范工程。

支持农业集体经济组织、新型经营主体、企业、合作社开展原料基地、农产品加工、营销平台等生产流通设施建设，鼓励贫困地区因地制宜发展产业园区，以发展劳动密集型项目为主，带动当地贫困人口就地就近就业。

（三）贫困地区培训工程。

重点实施新型经营主体培育、新型职业农民培育、农村实用人才带头人和大学生村官示范培训、致富带头人培训、农民手机应用技能培训等专项工程。

第二节　旅游扶贫

因地制宜发展乡村旅游。开展贫困村旅游资源普查和旅游扶贫摸底调查，建立乡村旅游扶贫工程重点村名录。以具备发展乡村旅游条件的 2.26 万个建档立卡贫困村为乡村旅游扶贫重点，推进旅游基础设施建设，实施乡村旅游后备箱工程、旅游基础设施提升工程等一批旅游扶贫重点工程，打造精品旅游线路，推动游客资源共享。安排贫困人口旅游服务能力培训和就业。

大力发展休闲农业。依托贫困地区特色农产品、农事景观及人文景观等资源，积极发展带动贫困人口增收的休闲农业和森林休闲健康养生产业。实施休闲农业和乡村旅游提升工程，加强休闲农业聚集村、休闲农业园等配套服务设施建设，培育扶持休闲农业新型经营主体，促进农业与旅游观光、健康养老等产业深度融合。引导和支持社会资本开发农民参与度高、受益面广的休闲农业项目。

积极发展特色文化旅游。打造一批辐射带动贫困人口就业增收的风景名胜区、特色小镇，实施特色民族村镇和传统村落、历史文化名镇名村保护与发展工程。依托当地民族特色文化、红色文化、乡土文化和非物质文化遗产，大力发展贫困人口参与并受益的传统文化展示表演与体验活动等乡村文化旅游。开展非物质文化遗产生产性保护，鼓励民族传统工艺传承发展和产品生产销售。坚持创意开发，推出具有地方特点的旅游商品和纪念品。支持农村贫困家庭妇女发展家庭手工旅游产品。

专栏3　旅游扶贫工程

（一）旅游基础设施提升工程。

支持中西部地区重点景区、乡村旅游、红色旅游、集中连片特困地区生态旅游交通基础设施建设，加快风景名胜区和重点村镇旅游集聚区旅游基础设施和公共服务设施建设。对乡村旅游经营户实施改厨、改厕、改院落、整治周边环境工程，支持国家扶贫开发工作重点县、集中连片特困地区县中具备条件的6130个村的基础设施建设。支持贫困村周边10公里范围内具备条件的重点景区基础设施建设。

（二）乡村旅游产品建设工程。

鼓励各类资本和大学生、返乡农民工等参与贫困村旅游开发。鼓励开发建设休闲农庄、乡村酒店、特色民宿以及自驾露营、户外运动和养老养生等乡村旅游产品，培育1000家乡村旅游创客基地，建成一批金牌农家乐、A级旅游景区、中国风情小镇、特色景观旅游名镇名村、中国度假乡村、中国精品民宿。

（三）休闲农业和乡村旅游提升工程。

在贫困地区扶持建设一批休闲农业聚集村、休闲农庄、休闲农业园、休闲旅游合作社。认定推介一批休闲农业和乡村旅游示范县，推介一批中国美丽休闲乡村，加大品牌培育力度，鼓励创建推介有地方特色的休闲农业村、星级户、精品线路等，逐步形成品牌体系。

（四）森林旅游扶贫工程。

推出一批森林旅游扶贫示范市、示范县、示范景区，确定一批重点森林旅游地和特色旅游线路，鼓励发展"森林人家"，打造多元化旅游产品。

（五）乡村旅游后备箱工程。

鼓励和支持农民将当地农副土特产品、手工艺品通过自驾车旅游渠道就地就近销售，推出一批乡村旅游优质农产品推荐名录。到2020年，全国建设1000家"乡村旅游后备箱工程示范基地"，支持在临近的景区、高速公路服务区设立特色农产品销售店。

（六）乡村旅游扶贫培训宣传工程。

培养一批乡村旅游扶贫培训师。鼓励各地设立一批乡村旅游教学基地和实训基地，对乡村旅游重点村负责人、乡村旅游带头人、从业人员等分类开展旅游经营管理和服务技能培训。2020年前，每年组织1000名乡村旅游扶贫重点村村官开展乡村旅游培训。开展"乡村旅游+互联网"万村千店扶贫专项行动，加大对贫困地区旅游线路、旅游产品、特色农产品等宣传推介力度。组织开展乡村旅游扶贫公益宣传。鼓励各地打造一批具有浓郁地方特色的乡村旅游节庆活动。

第三节　电商扶贫

培育电子商务市场主体。将农村电子商务作为精准扶贫的重要载体，把电子商务纳入扶贫开发工作体系，以建档立卡贫困村为工作重点，提升贫困户运用电子商务创业增收的能力。依托农村现有组织资源，积极培育农村电子商务市场主体。发挥大型电商企业孵化带动作用，支持有意愿的贫困户和带动贫困户的农民专业合作社开办网上商店，鼓励引导电商和电商平台企业开辟特色农产品网上销售平台，与合作社、种养大户建立直采直供关系。加快物流配送体系建设，鼓励邮政、供销合作等系统在贫困乡村建立和改造服务网点，引导电商平台企业拓展农村业务，加强农产品网上销售平台建设。实施电商扶贫工程，逐步形成农产品进城、工业品下乡的双向流通服务网络。对贫困户通过电商平台创业就业的，鼓励地方政府和电商企业免费提供网店设计、推介服务和经营管理培训，给予网络资费补助和小额信贷支持。

改善农村电子商务发展环境。加强交通、商贸流通、供销合作、邮政等部门及大型电商、快递企业信息网络共享衔接，鼓励多站合一、服务同网。加快推进适应电子商务的农产品质量标准体系和可追溯体系建设以及分等分级、包装运输标准制定和应用。

专栏4　电商扶贫工程

通过设备和物流补助、宽带网络优惠、冷链建设、培训支持等方式实施电商扶贫工程。鼓励有条件的地方和电商企业，对贫困村电商站、设备配置以及代办物流快递服务点等，给予适当补助和小额信贷支持；当地电信运营企业根据用户需求负责宽带入户建设，鼓励电信运营企业对贫困村网络流量资费给予适当优惠；在有条件的贫困村建设一批生鲜冷链物流设施。

第四节　资产收益扶贫

组织开展资产收益扶贫工作。鼓励和引导贫困户将已确权登记的土地承包经营权入股企业、合作社、家庭农（林）场与新型经营主体形成利益共同体，分享经营收益。积极推进农村集体资产、集体所有的土地等资产资源使用权作价入股，形成集体股权并按比例量化到农村集体经济组织。财政扶贫资金、相关涉农资金和社会帮扶资金投入设施农业、养殖、光伏、水电、乡村旅游等项目形成的资产，可折股量化到农村集体经济组织，优先保障丧失劳动能力的贫困户。建立健全收益分配机制，强化监督管理，确保持股贫困户和农村集体经济组织分享资产收益。创新水电、矿产资源开发占用农村集体土地的补偿补助方式，在贫困地区选择一批项目开展资源开发资产收益扶贫改革试点。通过试点，形成可复制、可推广的模式和制度，并在贫困地区推广，让贫困人口分享资源开发收益。

专栏5　资产收益扶贫工程

（一）光伏扶贫工程。

在前期开展试点、光照条件较好的 5 万个建档立卡贫困村实施光伏扶贫，保障 280 万无劳动能力建档立卡贫困户户均年增收 3000 元以上。其他光照条件好的贫困地区可因地制宜推进实施。

（二）水库移民脱贫工程。

完善地方水库移民扶持基金分配制度，在避险解困、产业发展、技能培训、教育卫生等方面向贫困水库移民倾斜，探索实施水库移民扶持基金对贫困水库移民发展产业的直接补助、贷款贴息、担保服务、小额贷款保证保险保费补助、资产收益扶贫等扶持政策。

（三）农村小水电扶贫工程。

在总结试点经验基础上，全面实施农村小水电扶贫工程。建设农村小水电扶贫装机 200 万千瓦，让贫困地区 1 万个建档立卡贫困村的 100 万贫困农户每年稳定获得小水电开发收益，助力贫困户脱贫。

第五节　科技扶贫

促进科技成果向贫困地区转移转化。组织高等学校、科研院所、企业等开展技术攻关，解决贫困地区产业发展和生态建设关键技术问题。围绕全产业链技术需求，加大贫困地区新品种、新技术、新成果的开发、引进、集成、试验、示范力度，鼓励贫困县建设科技成果转化示范基地，围绕支柱产业转化推广 5 万项以上先进适用技术成果。

提高贫困人口创新创业能力。深入推行科技特派员制度，基本实现特派员对贫困村科技服务和创业带动全覆盖。鼓励和支持高等院校、科研院所发挥科技优势，为贫困地区培养科技致富带头人。大力实施边远贫困地区、边疆民族地区和革命老区人才支持计划科技人员专项计划，引导支持科技人员与贫困户结成利益共同体，创办、领办、协办企业和农民专业合作社，带动贫困人口脱贫。加强乡村科普工作，为贫困群众提供线上线下、点对点、面对面的培训。

加强贫困地区创新平台载体建设。支持贫困地区建设一批"星创天地"、科技园区等科技创新载体。充分发挥各类科技园区在扶贫开发中的技术集中、要素聚集、应用示范、辐射带动作用，通过"科技园区+贫困村+贫困户"的方式带动贫困人口脱贫。推动高等学校新农村发展研究院在贫困地区建设一批农村科技服务基地。实施科技助力精准扶贫工程，在贫困地区支持建设 1000 个以上农技协联合会（联合体）和 10000 个以上农村专业技术协会。

第三章　转移就业脱贫

加强贫困人口职业技能培训和就业服务，保障转移就业贫困人口合法权益，开展劳务协作，推进就地就近转移就业，促进已就业贫困人口稳定就业和有序实现市民化、有劳动能力和就业意愿未就业贫困人口实现转移就业。

第一节 大力开展职业培训

完善劳动者终身职业技能培训制度。针对贫困家庭中有转移就业愿望劳动力、已转移就业劳动力、新成长劳动力的特点和就业需求，开展差异化技能培训。整合各部门各行业培训资源，创新培训方式，以政府购买服务形式，通过农林技术培训、订单培训、定岗培训、定向培训、"互联网+培训"等方式开展就业技能培训、岗位技能提升培训和创业培训。加强对贫困家庭妇女的职业技能培训和就业指导服务。支持公共实训基地建设。

提高贫困家庭农民工职业技能培训精准度。深入推进农民工职业技能提升计划，加强对已外出务工贫困人口的岗位培训。继续开展贫困家庭子女、未升学初高中毕业生（俗称"两后生"）、农民工免费职业培训等专项行动，提高培训的针对性和有效性。实施农民工等人员返乡创业培训五年行动计划（2016—2020年）、残疾人职业技能提升计划。

第二节 促进稳定就业和转移就业

加强对转移就业贫困人口的公共服务。输入地政府对已稳定就业的贫困人口予以政策支持，将符合条件的转移人口纳入当地住房保障范围，完善随迁子女在当地接受义务教育和参加中高考政策，保障其本人及随迁家属平等享受城镇基本公共服务。支持输入地政府吸纳贫困人口转移就业和落户。为外出务工的贫困人口提供法律援助。

开展地区间劳务协作。建立健全劳务协作信息共享机制。

输出地政府与输入地政府要加强劳务信息共享和劳务协作对接工作，全面落实转移就业相关政策措施。输出地政府要摸清摸准贫困家庭劳动力状况和外出务工意愿，输入地政府要协调提供就业信息和岗位，采取多种方式协助做好就业安置工作。对到东部地区或省内经济发达地区接受职业教育和技能培训的贫困家庭"两后生"，培训地政府要帮助有意愿的毕业生在当地就业。建立健全转移就业工作考核机制。输出地政府和输入地政府要加强对务工人员的禁毒法制教育。

推进就地就近转移就业。建立定向培训就业机制，积极开展校企合作和订单培训。将贫困人口转移就业与产业聚集园区建设、城镇化建设相结合，鼓励引导企业向贫困人口提供就业岗位。财政资金支持的企业或园区，应优先安排贫困人口就业，资金应与安置贫困人口就业任务相挂钩。支持贫困户自主创业，鼓励发展居家就业等新业态，促进就地就近就业。

专栏6 就业扶贫行动

（一）劳务协作对接行动。

依托东西部扶贫协作机制和对口支援工作机制，开展省际劳务协作，同时积极推动省内经济发达地区和贫困县开展劳务协作。围绕实现精准对接、促进稳定就业的目标，通过开发岗位、劳务协作、技能培训等措施，带动一批未就业贫困劳动力转移就业，帮助一批已就业贫困劳动力稳定就业，帮助一批贫困家庭未升学初高中毕业生就读技工院校毕业后实现技能就业。

（二）重点群体免费职业培训行动。

组织开展贫困家庭子女、未升学初高中毕业生等免费职业培训。到2020年，力争使新进入人力资源市场的贫困家庭劳动力都有机会接受1次就业技能培训；使具备一定创业条件或已创业的贫困家庭劳动力都有机会接受1次创业培训。

续表

（三）春潮行动。

到 2020 年，力争使各类农村转移就业劳动者都有机会接受 1 次相应的职业培训，平均每年培训 800 万人左右，优先保障有劳动能力的建档立卡贫困人口培训。

（四）促进建档立卡贫困劳动者就业。

根据建档立卡贫困劳动者就业情况，分类施策、精准服务。对已就业的，通过跟踪服务、落实扶持政策，促进其稳定就业。对未就业的，通过健全劳务协作机制、开发就业岗位、强化就业服务和技能培训，促进劳务输出和就地就近就业。

（五）返乡农民工创业培训行动。

实施农民工等人员返乡创业培训五年行动计划（2016—2020 年），推进建档立卡贫困人口等人员返乡创业培训工作。到 2020 年，力争使有创业要求和培训愿望、具备一定创业条件或已创业的贫困家庭农民工等人员，都能得到 1 次创业培训。

（六）技能脱贫千校行动。

在全国组织千所省级重点以上的技工院校开展技能脱贫千校行动，使每个有就读技工院校意愿的贫困家庭应、往届"两后生"都能免费接受技工教育，使每个有劳动能力且有参加职业培训意愿的贫困家庭劳动力每年都能到技工院校接受至少 1 次免费职业培训，对接受技工教育和职业培训的贫困家庭学生（学员）推荐就业。加大政策支持，对接受技工教育的，落实助学金、免学费和对家庭给予补助的政策，制定并落实减免学生杂费、书本费和给予生活费补助的政策；对接受职业培训的，按规定落实职业培训、职业技能鉴定补贴政策。

第四章　易地搬迁脱贫

组织实施好易地扶贫搬迁工程，确保搬迁群众住房安全得到保障，饮水安全、出行、用电等基本生活条件得到明显改善，享有便利可及的教育、医疗等基本公共服务，迁出区生态环境得到有效治理，确保有劳动能力的贫困家庭后续发展有门路、转移就业有渠道、收入水平不断提高，实现建档立卡搬迁人口搬得出、稳得住、能脱贫。

第一节　精准识别搬迁对象

合理确定搬迁范围和对象。以扶贫开发建档立卡信息系统识别认定结果为依据，以生活在自然条件严酷、生存环境恶劣、发展条件严重欠缺等"一方水土养不起一方人"地区的农村建档立卡贫困人口为对象，以省级政府批准的年度搬迁进度安排为主要参考，确定易地扶贫搬迁人口总规模和年度搬迁任务。

确保建档立卡贫困人口应搬尽搬。在充分尊重群众意愿基础上，加强宣传引导和组织动员，保障搬迁资金，确保符合条件的建档立卡贫困人口应搬尽搬。统筹规划同步搬迁人口。

第二节　稳妥实施搬迁安置

因地制宜选择搬迁安置方式。根据水土资源条件、经济发展环境和城镇化进程，按照集中安置与分散安置相结合、以集中安置为主的原则选择安置方式和安置区（点）。采取集中安置的，可依托移民新村、小城镇、产业园区、旅游景区、乡村旅游区等适宜区域进行安置，并做好配套建设。采取分散安置的，可选择"插花"、进城务工、投亲靠友等方式进行安置，也可在确保有房可住、有业可就的前提下，采取货币化方式进行安置。地方各级政府要结合本地实际，加强安置区（点）建设方案研究论证工作，将安置区（点）后续产业发展和搬迁人口就业等安排情况纳入建设方案专章表述，并做好推进落实工作。鼓励地方选择基础较好、具备条件的安置区（点），开展低碳社区建设试点。

合理确定住房建设标准。按照"保障基本、安全适用"的原则规划建设安置住房，严格执行建档立卡搬迁户人均住房建设面积不超过25平方米的标准。在稳定脱贫前，建档立卡搬迁户不得自行举债扩大安置住房建设面积。合理制定建房补助标准和相关扶持政策，鼓励地方因地制宜采取差异化补助标准。国家易地扶贫搬迁政策范围内的建房补助资金，应以建档立卡搬迁户人口数量为依据进行核算和补助，不得变相扩大或缩小补助范围。同步搬迁人口所需建房资金，由省级及以下政府统筹相关资源、农户自筹资金等解决，安置区（点）配套基础设施和公共服务设施可一并统筹规划、统一建设。

配套建设基础设施和公共服务设施。按照"规模适度、功能合理、经济安全、环境整洁、宜居宜业"的原则，配套建设安置区（点）水、电、路、邮政、基础电信网络以及污水、垃圾处理等基础设施，完善安置区（点）商业网点、便民超市、集贸市场等生活服务设施以及必要的教育、卫生、文化体育等公共服务设施。

拓展资金筹措渠道。加大中央预算内投资支持力度，创新投融资机制，安排专项建设基金和地方政府债券资金作为易地扶贫搬迁项目资本金，发行专项金融债券筹集贷款资金支持易地扶贫搬迁工作。建立或明确易地扶贫搬迁省级投融资主体和市县项目实施主体，负责资金承接运作和工程组织实施。地方政府要统筹可支配财力，用好用活城乡建设用地增减挂钩政策，支持省级投融资主体还贷。易地扶贫搬迁资金如有节余，可用于支持搬迁贫困人口后续产业发展。

第三节 促进搬迁群众稳定脱贫

大力发展安置区（点）优势产业。将安置区（点）产业发展纳入当地产业扶贫规划，统筹整合使用财政涉农资金，支持搬迁贫困人口大力发展后续产业。支持"有土安置"的搬迁户通过土地流转等方式开展适度规模经营，发展特色产业。建立完善新型农业经营主体与搬迁户的利益联接机制，确保每个建档立卡搬迁户都有脱贫致富产业或稳定收入来源。

多措并举促进建档立卡搬迁户就业增收。结合农业园区、工业园区、旅游景区和小城镇建设，引导搬迁群众从事种养加工、商贸物流、家政服务、物业管理、旅游服务等工作。在集中安置区（点）开发设立卫生保洁、水暖、电力维修等岗位，为建档立卡贫困人口提供就地就近就业机会，解决好养老保险、医疗保险等问题。鼓励工矿企业、农业龙头企业优先聘用建档立卡搬迁人口。支持安置区（点）发展物业经济，将商铺、厂房、停车场等营利性物业产权量化到建档立卡搬迁户。

促进搬迁人口融入当地社会。引导搬迁人口自力更生，积极参与住房建设、配套设施建设、安置区环境改善等工作，通过投工投劳建设美好家园。加强对易地搬迁人口的心理疏导和先进文化教育，培养其形成与新环境相适应的生产方式和生活习惯。优化安置区（点）社区管理服务，营造开放包容的社区环境，积极引导搬迁人口参与当地社区管理和服务，增强其主人翁意识和适应新生活的信心，使搬迁群众平稳顺利融入当地社会。

专栏 7　易地扶贫搬迁工程

"十三五"期间，对全国 22 个省（区、市）约 1400 个县（市、区）981 万建档立卡贫困人口实施易地扶贫搬迁，按人均不超过 25 平方米的标准建设住房，同步开展安置区（点）配套基础设施和基本公共服务设施建设、迁出区宅基地复垦和生态修复等工作。安排中央预算内投资、地方政府债券、专项建设基金、长期贴息贷款和农户自筹等易地扶贫搬迁资金约 6000 亿元。同步搬迁人口建房所需资金，以地方政府补助和农户自筹为主解决，鼓励开发银行、农业发展银行对符合条件的项目给予优惠贷款支持。在分解下达城乡建设用地增减挂钩指标时，向易地扶贫搬迁省份倾斜。允许贫困县将城乡建设用地增减挂钩节余指标在省域范围内流转使用，前期使用贷款进行拆迁安置、基础设施建设和土地复垦。

第五章　教育扶贫

以提高贫困人口基本文化素质和贫困家庭劳动力技能为抓手，瞄准教育最薄弱领域，阻断贫困的代际传递。到 2020 年，贫困地区基础教育能力明显增强，职业教育体系更加完善，高等教育服务能力明显提升，教育总体质量显著提高，基本公共教育服务水平接近全国平均水平。

第一节　提升基础教育水平

改善办学条件。加快完善贫困地区学前教育公共服务体系，建立健全农村学前教育服务网络，优先保障贫困家庭适龄儿童接受学前教育。全面改善义务教育薄弱学校基本办学条件，加强农村寄宿制学校建设，优化义务教育学校布局，办好必要的村小学和教学点，建立城乡统一、重在农村的义务教育经费保障机制。实施高中阶段教育普及攻坚计划，加大对普通高中和中等职业学校新建改扩建的支持力度，扩大教育资源，提高普及水平。加快推进教育信息化，扩大优质教育资源覆盖面。建立健全双语教学体系。

强化教师队伍建设。通过改善乡村教师生活待遇、强化师资培训、结对帮扶等方式，加强贫困地区师资队伍建设。建立省级统筹乡村教师补充机制，依托师范院校开展"一专多能"乡村教师培养培训，建立城乡学校教师均衡配置机制，推进县（区）域内义务教育学校校长教师交流轮岗。全面落实集中连片特困地区和边远艰苦地区乡村教师生活补助政策。加大对边远艰苦地区农村学校教师周转宿舍建设的支持力度。继续实施特岗计划，"国培计划"向贫困地区乡村教师倾斜。加大双语教师培养力度，加强国家通用语言文字教学。实施好边远贫困地区、边疆民族地区和革命老区人才支持计划教师专项计划，每年向"三区"选派3万名支教教师。建立乡村教师荣誉制度，向在乡村学校从教30年以上的教师颁发荣誉证书。

第二节　降低贫困家庭就学负担

完善困难学生资助救助政策。健全学前教育资助制度，帮助农村贫困家庭幼儿接受学前教育。稳步推进贫困地区农村义务教育学生营养改善计划。率先对建档立卡贫困家庭学生以及非建档立卡的家庭经济困难残疾学生、农村低保家庭学生、农村特困救助供养学生实施普通高中免除学杂费。完善国家奖助学金、国家助学贷款、新生入学资助、研究生"三助"（助教、助研、助管）岗位津贴、勤工助学、校内奖助学金、困难补助、学费减免等多元化高校学生资助体系，对建档立卡贫困家庭学生优先予以资助，优先推荐勤工助学岗位，做到应助尽助。

第三节　加快发展职业教育

强化职业教育资源建设。加快推进贫困地区职业院校布局结构调整，加强有专业特色并适应市场需求的职业院校建设。继续推动落实东西部联合招生，加强东西部职教资源对接。鼓励东部地区职教集团和职业院校对口支援或指导贫困地区职业院校建设。

加大职业教育力度。引导企业扶贫与职业教育相结合，鼓励职业院校面向建档立卡贫困家庭开展多种形式的职业教育。启动职教圆梦行动计划，省级教育行政部门统筹协调国家中等职业教育改革发展示范学校和国家重点中职学校选择就业前景好的专业，针对建档立卡贫困家庭子女单列招生计划。实施中等职业教育协作计划，支持建档立卡贫困家庭初中毕业生到省外经济较发达地区接受中职教育。让未升入普通高中的初中毕业生都能接受中等职业教育。鼓励职业院校开展面向贫困人口的继续教育。保障贫困家庭妇女、残疾人平等享有职业教育资源和机会。支持民族地区职业学校建设，继续办好内地西藏、新疆中等职业教育班，加强民族聚居地区少数民族特困群体国家通用语言文字培训。

加大贫困家庭子女职业教育资助力度。继续实施"雨露计划"职业教育助学补助政策，鼓励贫困家庭"两后生"就读职业院校并给予政策支持。落实好中等职业学校免学费和国家助学金政策。

专栏 8　教育扶贫工程

（一）普惠性幼儿园建设。

重点支持中西部 1472 个区（县）农村适龄儿童入园，鼓励普惠性幼儿园发展。

（二）全面改善贫困地区义务教育薄弱学校基本办学条件。

按照"缺什么、补什么"的原则改善义务教育薄弱学校基本办学条件。力争到 2019 年底，使贫困地区所有义务教育学校均达到"20 条底线要求"。以集中连片特困地区县、国家扶贫开发工作重点县、革命老区贫困县等为重点，解决或缓解城镇学校"大班额"和农村寄宿制学校"大通铺"问题，逐步实现未达标城乡义务教育学校校舍、场所标准化。

（三）高中阶段教育普及攻坚计划。

增加中西部贫困地区尤其是集中连片特困地区高中阶段教育资源，使中西部贫困地区未升入普通高中的初中毕业生基本进入中等职业学校就读。

（四）乡村教师支持计划。

拓展乡村教师补充渠道，扩大特岗计划实施规模，鼓励省级政府建立统筹规划、统一选拔的乡村教师补充机制，推动地方研究制定符合乡村教育实际的招聘办法，鼓励地方根据需求本土化培养"一专多能"乡村教师。到 2020 年，对全体乡村教师校长进行 360 学时的培训。

（五）特殊教育发展。

鼓励有条件的特殊教育学校、取得办园许可的残疾儿童康复机构开展学前教育，支持特殊教育学校改善办学条件和建设特教资源中心（教室），为特殊教育学校配备特殊教育教学专用设备设施和仪器等。

（六）农村义务教育学生营养改善计划。

以贫困地区和家庭经济困难学生为重点，通过农村义务教育学生营养改善计划国家试点、地方试点、社会参与等方式，逐步改善农村义务教育学生营养状况。中央财政为纳入营养改善计划国家试点的农村义务教育学生按每生每天 4 元（800 元/年）的标准提供营养膳食补助。鼓励地方开展营养改善计划地方试点，中央财政给予适当奖补。

第四节　提高高等教育服务能力

提高贫困地区高等教育质量。支持贫困地区优化高等学校布局，调整优化学科专业结构。中西部高等教育振兴计划、长江学者奖励计划、高等学校青年骨干教师国内访问学者项目等国家专项计划，适当向贫困地区倾斜。

继续实施高校招生倾斜政策。加快推进高等职业院校分类考试招生，同等条件下优先录取建档立卡贫困家庭学生。继续实施重点高校面向贫困地区定向招生专项计划，形成长效机制，畅通贫困地区学生纵向流动渠道。高校招生计划和支援中西部地区招生协作计划向贫困地区倾斜。支持普通高校适度扩大少数民族预科班和民族班规模。

第六章　健康扶贫

改善贫困地区医疗卫生机构条件，提升服务能力，缩小区域间卫生资源配置差距，基本医疗保障制度进一步完善，建档立卡贫困人口大病和慢性病得到及时有效救治，就医费用个人负担大幅减轻，重大传染病和地方病得到有效控制，基本公共卫生服务实现均等化，因病致贫返贫问题得到有效解决。

第一节　提升医疗卫生服务能力

加强医疗卫生服务体系建设。按照"填平补齐"原则，加强县级医院、乡镇卫生院、村卫生室等基层医疗卫生机构以及疾病预防控制和精神卫生、职业病防治、妇幼保健等专业公共卫生机构能力建设，提高基本医疗及公共卫生服务水平。加强常见病、多发病相关专业和临床专科建设。加强远程医疗能力建设，实现城市诊疗资源和咨询服务向贫困县延伸，县级医院与县域内各级各类医疗卫生服务机构互联互通。鼓励新医疗技术服务贫困人口。在贫困地区优先实施基层中医药服务能力提升工程"十三五"行动计划。实施全国三级医院与贫困县县级医院"一对一"帮扶行动。到 2020 年，每个贫困县至少有 1 所医院达到二级医院标准，每个 30 万人口以上的贫困县至少有 1 所医院达到二级甲等水平。

深化医药卫生体制改革。深化公立医院综合改革。在符合医疗行业特点的薪酬改革方案出台前，贫困县可先行探索制定公立医院绩效工资总量核定办法。制定符合基层实际的人才招聘引进办法，赋予贫困地区医疗卫生机构一定自主招聘权。加快健全药品供应保障机制，统筹做好县级医院与基层医疗卫生机构的药品供应配送管理工作。进一步提高乡村医生的养老待遇。推进建立分级诊疗制度，到 2020 年，县域内就诊率提高到90%左右。

强化人才培养培训。以提高培养质量为核心，支持贫困地区高等医学教育发展，加大本专科农村订单定向医学生免费培养力度。以全科医生为重点，加强各类医疗卫生人员继续医学教育，推行住院医师规范化培训、助理全科医生培训，做好全科医生和专科医生特设岗位计划实施工作，制定符合基层实际的人才招聘引进办法，提高薪酬待遇。组织开展适宜医疗卫生技术推广。

支持中医药和民族医药事业发展。加强中医医院、民族医

医院、民族医特色专科能力建设，加快民族药药材和制剂标准化建设。加强民族医药基础理论和临床应用研究。加强中医、民族医医师和城乡基层中医、民族医药专业技术人员培养培训，培养一批民族医药学科带头人。加强中药民族药资源保护利用。将更多具有良好疗效的特色民族药药品纳入国家基本医疗保险药品目录。

第二节　提高医疗保障水平

降低贫困人口大病、慢性病费用支出。加强基本医疗保险、大病保险、医疗救助、疾病应急救助等制度的有效衔接。建档立卡贫困人口参加城乡居民基本医疗保险个人缴费部分由财政通过城乡医疗救助给予补贴，全面推开城乡居民基本医疗保险门诊统筹，提高政策范围内住院费用报销比例。城乡居民基本医疗保险新增筹资主要用于提高城乡居民基本医疗保障水平，逐步降低贫困人口大病保险起付线。在基本医疗保险报销范围基础上，确定合规医疗费用范围，减轻贫困人口医疗费用负担。加大医疗救助力度，将贫困人口全部纳入重特大疾病医疗救助范围。对突发重大疾病暂时无法获得家庭支持导致基本生活出现严重困难的贫困家庭患者，加大临时救助力度。支持引导社会慈善力量参与医疗救助。在贫困地区先行推进以按病种付费为主的医保支付方式改革，逐步扩大病种范围。

实行贫困人口分类救治。优先为建档立卡贫困人口单独建立电子健康档案和健康卡，推动基层医疗卫生机构提供基本医疗、公共卫生和健康管理等签约服务。以县为单位，进一步核实因病致贫返贫家庭及患病人员情况，对贫困家庭大病和慢性病患者实行分类救治，为有需要的贫困残疾人提供基本康复服务。贫困患者在县域内定点医疗机构住院的，实行先诊疗后付费的结算机制，有条件的地方可探索市域和省域内建档立卡贫困人口先诊疗后付费的结算机制。

第三节　加强疾病预防控制和公共卫生

加大传染病、地方病、慢性病防控力度。全面完成已查明氟、砷超标地区改水工程建设。对建档立卡贫困人口食用合格碘盐给予政府补贴。综合防治大骨节病和克山病等重点地方病，加大对包虫病、布病等人畜共患病的防治力度，加强对艾滋病、结核病疫情防控，加强肿瘤随访登记，扩大癌症筛查和早诊早治覆盖面，加强严重精神障碍患者筛查登记、救治救助和服务管理。治贫治毒相结合，从源头上治理禁毒重点整治地区贫困县的毒品问题。

全面提升妇幼健康服务水平。在贫困地区全面实施农村妇女"两癌"（乳腺癌和宫颈癌）免费筛查项目，加大对贫困患者的救助力度。全面实施免费孕前优生健康检查、农村妇女增补叶酸预防神经管缺陷、新生儿疾病筛查等项目。提升孕产妇和新生儿危急重症救治能力。全面实施贫困地区儿童营养改善项目。实施0—6岁贫困残疾儿童康复救助项目，提供基本辅助器具。加强计划生育工作。

深入开展爱国卫生运动。加强卫生城镇创建活动，持续深入开展城乡环境卫生整洁行动，重点加强农村垃圾和污水处理设施建设，有效提升贫困地区人居环境质量。加快农村卫生厕所建设进程，坚持因地制宜、集中连片、整体推进农村改厕工作，力争到 2020 年农村卫生厕所普及率达到 85% 以上。加强健康促进和健康教育工作，广泛宣传居民健康素养基本知识和技能，使其形成良好卫生习惯和健康生活方式。

专栏 9　健康扶贫工程

（一）城乡居民基本医疗保险和大病保险。

从 2016 年起，对建档立卡贫困人口、农村低保对象和特困人员实行倾斜性支持政策，降低特殊困难人群大病保险报销起付线、提高大病保险报销比例，减少贫困人口大病费用个人实际支出。选择部分大病实行单病种付费，医疗费用主要由医疗保险、大病保险、医疗救助按规定比例报销。将符合条件的残疾人医疗康复项目按规定纳入基本医疗保险支付范围。

（二）农村贫困人口大病慢性病救治。

继续实施光明工程，为贫困家庭白内障患者提供救治，费用通过医保等渠道解决，鼓励慈善组织参与。从 2016 年起，对贫困家庭患有儿童急性淋巴细胞白血病、儿童先天性心脏房间隔缺损、食管癌等疾病的患者进行集中救治。

（三）全国三级医院与贫困县县级医院"一对一"帮扶行动。

组织全国 889 家三级医院（含军队和武警部队医院）对口帮扶集中连片特困地区县和国家扶贫开发工作重点县县级医院。采用"组团式"支援方式，向县级医院派驻 1 名院长或者副院长及医务人员组成的团队驻点帮扶，重点加强近 3 年外转率前 5—10 位病种的临床专科能力建设，推广适宜县级医院开展的医疗技术。定期派出医疗队，为贫困人口提供集中诊疗服务。建立帮扶双方远程医疗平台，开展远程诊疗服务。

（四）贫困地区县乡村三级医疗卫生服务网络标准化建设工程。

到 2020 年，每个贫困县至少有 1 所县级公立医院，每个乡镇有 1 所标准化乡镇卫生院，每个行政村有 1 个卫生室。在乡镇卫生院和社区卫生服务中心建立中医综合服务区。

（五）重特大疾病医疗救助行动。

将重特大疾病医疗救助对象范围从农村低保对象、特困人员拓展到低收入家庭的老年人、未成年人、重度残疾人和重病患者，积极探索对因病致贫返贫家庭重病患者实施救助，重点加大对符合条件的重病、重残儿童的救助力度。综合考虑患病家庭负担能力、个人自负费用、当地筹资等情况，分类分段设置救助比例和最高救助限额。

（六）医疗救助与基本医疗保险、大病保险等"一站式"结算平台建设。

贫困地区逐步实现医疗救助与基本医疗保险、大病保险、疾病应急救助、商业保险等信息管理平台互联互通，广泛开展"一站式"即时结算。

第七章　生态保护扶贫

处理好生态保护与扶贫开发的关系，加强贫困地区生态环境保护与治理修复，提升贫困地区可持续发展能力。逐步扩大对贫困地区和贫困人口的生态保护补偿，增设生态公益岗位，使贫困人口通过参与生态保护实现就业脱贫。

第一节　加大生态保护修复力度

加强生态保护与建设。加快改善西南山区、西北黄土高原等水土流失状况，加强林草植被保护与建设。加大三北等防护林体系建设工程、天然林资源保护、水土保持等重点工程实施力度。加大新一轮退耕还林还草工程实施力度，加强生态环境改善与扶贫协同推进。在重点区域推进京津风沙源治理、岩溶地区石漠化治理、青海三江源保护等山水林田湖综合治理工程，遏制牧区、农牧结合贫困地区土壤沙化退化趋势，缓解土地荒漠化、石漠化，组织动员贫困人口参与生态保护建设工程，提高贫困人口受益水平，结合国家重大生态工程建设，因地制宜发展舍饲圈养和设施农业，大力发展具有经济效益的生态林业产业。

开展水土资源保护。加强贫困地区耕地和永久基本农田保护，建立和完善耕地与永久基本农田保护补偿机制，推进耕地质量保护与提升。全面推广测土配方施肥技术和水肥一体化技术。加强农膜残膜回收，积极推广可降解农膜。开展耕地轮作休耕试点。鼓励在南方贫困地区开发利用冬闲田、秋闲田，种植肥田作物。优先将大兴安岭南麓山区内黑土流失地区等地区列入综合治理示范区。加强江河源头和水源涵养区保护，推进重点流域水环境综合治理，严禁农业、工业污染物向水体超标排放。

专栏 10　重大生态建设扶贫工程

（一）退耕还林还草工程。

在安排新一轮退耕还林还草任务时，向扶贫开发任务重、贫困人口较多的省份倾斜。各有关省份要进一步向贫困地区集中，向建档立卡贫困村、贫困人口倾斜。

（二）退牧还草工程。

继续在内蒙古、辽宁、吉林、黑龙江、四川、贵州、云南、西藏、陕西、甘肃、青海、宁夏、新疆和新疆生产建设兵团实施退牧还草工程，并向贫困地区、贫困人口倾斜，合理调整任务实施范围，促进贫困县脱贫攻坚。

（三）青海三江源生态保护和建设二期工程。

继续加强三江源草原、森林、荒漠、湿地与湖泊生态系统保护和建设，治理范围从 15.2 万平方公里扩大至 39.5 万平方公里，从根本上遏制生态整体退化趋势，促进三江源地区可持续发展。

（四）京津风沙源治理工程。

继续加强燕山—太行山区、吕梁山区等贫困地区的工程建设，建成京津及周边地区的绿色生态屏障，沙尘天气明显减少，农牧民生产生活条件全面改善。

（五）天然林资源保护工程。

扩大天然林保护政策覆盖范围，全面停止天然林商业性采伐，逐步提高补助标准，加大对贫困地区的支持。

（六）三北等防护林体系建设工程。

优先安排贫困地区三北、长江、珠江、沿海、太行山等防护林体系建设，加大森林经营力度，推进退化林修复，提升森林质量、草原综合植被盖度和整体生态功能，遏制水土流失。加强农田防护林建设，营造农田林网，加强村镇绿化，提升平原农区防护林体系综合功能。

（七）水土保持重点工程。

加大长江和黄河上中游、西南岩溶区、东北黑土区等重点区域水土流失治理力度，加快推进坡耕地、侵蚀沟治理工程建设，有效改善贫困地区农业生产生活条件。

（八）岩溶地区石漠化综合治理工程。

继续加大滇桂黔石漠化区、滇西边境山区、乌蒙山区和武陵山区等贫困地区石漠化治理力度，恢复林草植被，提高森林质量，统筹利用水土资源，改善农业生产条件，适度发展草食畜牧业。

（九）沙化土地封禁保护区建设工程。

继续在内蒙古、西藏、陕西、甘肃、青海、宁夏、新疆等省（区）推进沙化土地封禁保护区建设，优先将 832 个贫困县中适合开展沙化土地封禁保护区建设的县纳入建设范围，实行严格的封禁保护。

（十）湿地保护与恢复工程。

对全国重点区域的自然湿地和具有重要生态价值的人工湿地，实行优先保护和修复，扩大湿地面积。对东北生态保育区、长江经济带生态涵养带、京津冀生态协同圈、黄土高原—川滇生态修复带的国际重要湿地、湿地自然保护区和国家湿地公园及其周边范围内非基本农田，实施退耕（牧）还湿、退养还滩。

（十一）农牧交错带已垦草原综合治理工程。 　　在河北、山西、内蒙古、甘肃、宁夏、新疆开展农牧交错带已垦撂荒地治理，通过建植多年生人工草地，提高治理区植被覆盖率和饲草生产、储备、利用能力，保护和恢复草原生态，促进农业结构优化、草畜平衡，实现当地可持续发展。

第二节　建立健全生态保护补偿机制

建立稳定生态投入机制。中央财政加大对国家重点生态功能区中贫困县的转移支付力度，扩大政策实施范围，完善转移支付补助办法，逐步提高对重点生态功能区生态保护与恢复的资金投入水平。

探索多元化生态保护补偿方式。根据"谁受益、谁补偿"原则，健全生态保护补偿机制。在贫困地区开展生态综合补偿试点，逐步提高补偿标准。健全各级财政森林生态效益补偿标准动态调整机制。研究制定鼓励社会力量参与防沙治沙的政策措施。推进横向生态保护补偿，鼓励受益地区与保护地区、流域下游与上游建立横向补偿关系。探索碳汇交易、绿色产品标识等市场化补偿方式。

设立生态公益岗位。中央财政调整生态建设和补偿资金支出结构，支持在贫困县以政府购买服务或设立生态公益岗位的方式，以森林、草原、湿地、沙化土地管护为重点，让贫困户中有劳动能力的人员参加生态管护工作。充实完善国家公园的管护岗位，增加国家公园、国家级自然保护区、国家级风景名胜区周边贫困人口参与巡护和公益服务的就业机会。

专栏 11　生态保护补偿

（一）森林生态效益补偿。

健全各级财政森林生态效益补偿标准动态调整机制，依据国家公益林权属实行不同的补偿标准。

（二）草原生态保护补助奖励。

在内蒙古、新疆、西藏、青海、四川、甘肃、宁夏、云南、山西、河北、黑龙江、辽宁、吉林等 13 个省（区）和新疆生产建设兵团、黑龙江农垦总局的牧区半牧区县实施草原生态保护补助奖励。中央财政按照每亩每年 7.5 元的测算标准，对禁牧和禁牧封育的牧民给予补助，补助周期 5 年；实施草畜平衡奖励，中央财政对未超载放牧牧民按照每亩每年 2.5 元的标准给予奖励。

（三）跨省流域生态保护补偿试点。

在新安江、南水北调中线源头及沿线、京津冀水源涵养区、九洲江、汀江—韩江、东江、西江等开展跨省流域生态保护补偿试点工作。

（四）生态公益岗位脱贫行动。

通过购买服务、专项补助等方式，在贫困县中选择一批能胜任岗位要求的建档立卡贫困人口，为其提供生态护林员、草管员、护渔员、护堤员等岗位。在贫困县域内的 553 处国家森林公园、湿地公园和国家级自然保护区，优先安排有劳动能力的建档立卡贫困人口从事森林管护、防火和服务。

第八章　兜底保障

统筹社会救助体系，促进扶贫开发与社会保障有效衔接，完善农村低保、特困人员救助供养等社会救助制度，健全农村"三留守"人员和残疾人关爱服务体系，实现社会保障兜底。

第一节　健全社会救助体系

完善农村最低生活保障制度。完善低保对象认定办法，建立农村低保家庭贫困状况评估指标体系，将符合农村低保条件的贫困家庭全部纳入农村低保范围。加大省级统筹工作力度，动态调整农村低保标准，确保 2020 年前所有地区农村低保标准逐步达到国家扶贫标准。加强农村低保与扶贫开发及其他脱贫攻坚相关政策的有效衔接，引导有劳动能力的低保对象依靠自身努力脱贫致富。

统筹社会救助资源。指导贫困地区健全特困人员救助供养制度，全面实施临时救助制度，积极推进最低生活保障制度与医疗救助、教育救助、住房救助、就业救助等专项救助制度衔接配套，推动专项救助在保障低保对象的基础上向低收入群众适当延伸，逐步形成梯度救助格局，为救助对象提供差别化的救助。合理划分中央和地方政府的社会救助事权和支出责任，统筹整合社会救助资金渠道，提升社会救助政策和资金的综合效益。

第二节　逐步提高贫困地区基本养老保障水平

坚持全覆盖、保基本、有弹性、可持续的方针，统筹推进城乡养老保障体系建设，指导贫困地区全面建成制度名称、政策标准、管理服务、信息系统"四统一"的城乡居民养老保险制度。探索建立适应农村老龄化形势的养老服务模式。

第三节　健全"三留守"人员和残疾人关爱服务体系

完善"三留守"人员服务体系。组织开展农村留守儿童、留守妇女、留守老人摸底排查工作。推动各地通过政府购买服务、政府购买基层公共管理和社会服务岗位、引入社会工作专业人才和志愿者等方式，为"三留守"人员提供关爱服务。加强留守儿童关爱服务设施和队伍建设，建立留守儿童救助保护机制和关爱服务网络。加强未成年人社会保护和权益保护工作。研究制定留守老年人关爱服务政策措施，推进农村社区日间照料中心建设，提升农村特困人员供养服务机构托底保障能力和服务水平。支持各地农村幸福院等社区养老服务设施建设和运营，开展留守老年人关爱行动。加强对"三留守"人员的生产扶持、生活救助和心理疏导。进一步加强对贫困地区留守妇女技能培训和居家灵活就业创业的扶持，切实维护留守妇女权益。

完善贫困残疾人关爱服务体系。将残疾人普遍纳入社会保障体系予以保障和扶持。支持发展残疾人康复、托养、特殊教育，实施残疾人重点康复项目，落实困难残疾人生活补贴和重度残疾人护理补贴制度。加强贫困残疾人实用技术培训，优先扶持贫困残疾人家庭发展生产，支持引导残疾人就业创业。

专栏 12　兜底保障

（一）农村低保标准动态调整。

省级人民政府统筹制定农村低保标准动态调整方案，确保所有地区农村低保标准逐步达到国家扶贫标准。进一步完善农村低保标准与物价上涨挂钩联动机制。

（二）农村低保与扶贫开发衔接。

将符合农村低保条件的建档立卡贫困户纳入低保范围，将符合扶贫条件的农村低保家庭纳入建档立卡范围。对不在建档立卡范围内的农村低保家庭、特困人员，各地统筹使用相关扶贫开发政策。对返贫家庭，按规定程序审核后分别纳入临时救助、医疗救助、农村低保等社会救助制度和建档立卡贫困户扶贫开发政策覆盖范围。

第九章　社会扶贫

发挥东西部扶贫协作和中央单位定点帮扶的引领示范作用，

凝聚国际国内社会各方面力量，进一步提升贫困人口帮扶精准度和帮扶效果，形成脱贫攻坚强大合力。

第一节　东西部扶贫协作

开展多层次扶贫协作。以闽宁协作模式为样板，建立东西部扶贫协作与建档立卡贫困村、贫困户的精准对接机制，做好与西部地区脱贫攻坚规划的衔接，确保产业合作、劳务协作、人才支援、资金支持精确瞄准建档立卡贫困人口。东部省份要根据财力增长情况，逐步增加对口帮扶财政投入，并列入年度预算。东部各级党政机关、人民团体、企事业单位、社会组织、各界人士等要积极参与扶贫协作工作。西部地区要整合用好扶贫协作等各类资源，聚焦脱贫攻坚，形成脱贫合力。启动实施东部省份经济较发达县（市）与对口帮扶省份贫困县"携手奔小康"行动，着力推动县与县精准对接。探索东西部乡镇、行政村之间结对帮扶。协作双方每年召开高层联席会议。

拓展扶贫协作有效途径。注重发挥市场机制作用，推动东部人才、资金、技术向贫困地区流动。鼓励援助方利用帮扶资金设立贷款担保基金、风险保障基金、贷款贴息资金和中小企业发展基金等，支持发展特色产业，引导省内优势企业到受援方创业兴业。鼓励企业通过量化股份、提供就业等形式，带动当地贫困人口脱贫增收。鼓励东部地区通过共建职业培训基地、开展合作办学、实施定向特招等形式，对西部地区贫困家庭劳动力进行职业技能培训，并提供就业咨询服务。帮扶双方要建立和完善省市协调、县乡组织、职校培训、定向安排、跟踪服务的劳务协作对接机制，提高劳务输出脱贫的组织化程度。以县级为重点，加强协作双方党政干部挂职交流。采取双向挂职、两地培训等方式，加大对西部地区特别是基层干部、贫困村创业致富带头人的培训力度。支持东西部学校、医院建立对口帮扶关系。建立东西部扶贫协作考核评价机制，重点考核带动贫困人口脱贫成效，西部地区也要纳入考核范围。

第二节　定点帮扶

明确定点扶贫目标任务。结合当地脱贫攻坚规划，制定各单位定点帮扶工作年度计划，以帮扶对象稳定脱贫为目标，实化帮扶举措，提升帮扶成效。各单位选派优秀中青年干部到定点扶贫县挂职、担任贫困村第一书记。省、市、县三级党委政府参照中央单位做法，组织党政机关、企事业单位开展定点帮扶工作。完善定点扶贫牵头联系机制，各牵头单位要落实责任人，加强工作协调，督促指导联系单位做好定点扶贫工作，协助开展考核评价工作。

专栏13　中央单位定点扶贫工作牵头联系单位和联系对象

中央直属机关工委牵头联系中央组织部、中央宣传部等43家中直机关单位；中央国家机关工委牵头联系外交部、国家发展改革委、教育部等81家中央国家机关单位；中央统战部牵头联系民主党派中央和全国工商联。教育部牵头联系北京大学、清华大学、中国农业大学等44所高校；人民银行牵头联系中国工商银行、中国农业银行、中国银行等24家金融机构和银监会、证监会、保监会；国务院国资委牵头联系中国核工业集团公司、中国核工业建设集团公司、中国航天科技集团公司等103家中央企业；中央军委政治工作部牵头联系解放军和武警部队有关单位；中央组织部牵头联系各单位选派挂职扶贫干部和第一书记工作。

第三节 企业帮扶

强化国有企业帮扶责任。深入推进中央企业定点帮扶贫困革命老区"百县万村"活动。用好贫困地区产业发展基金。引导中央企业设立贫困地区产业投资基金，采取市场化运作，吸引企业到贫困地区从事资源开发、产业园区建设、新型城镇化发展等。继续实施"同舟工程——中央企业参与'救急难'行动"，充分发挥中央企业在社会救助工作中的补充作用。地方政府要动员本地国有企业积极承担包村帮扶等扶贫开发任务。

引导民营企业参与扶贫开发。充分发挥工商联的桥梁纽带作用，以点带面，鼓励引导民营企业和其他所有制企业参与扶贫开发。组织开展"万企帮万村"精准扶贫行动，引导东部地区的民营企业在东西部扶贫协作框架下结对帮扶西部地区贫困村。鼓励有条件的企业设立扶贫公益基金、开展扶贫慈善信托。完善对龙头企业参与扶贫开发的支持政策。吸纳贫困人口就业的企业，按规定享受职业培训补贴等就业支持政策，落实相关税收优惠。设立企业扶贫光荣榜，并向社会公告。

专栏 14　企业扶贫重点工程

（一）中央企业定点帮扶贫困革命老区"百县万村"活动。

66 家中央企业在定点帮扶的 108 个革命老区贫困县和贫困村中，建设一批水、电、路等小型基础设施项目，加快老区脱贫致富步伐。

（二）同舟工程。

中央企业结合定点扶贫工作，对因遭遇突发紧急事件或意外事故，致使基本生活陷入困境乃至面临生存危机的群众，特别是对医疗负担沉重的困难家庭、因病致贫返贫家庭，开展"救急难"行动，实施精准帮扶。

（三）"万企帮万村"精准扶贫行动。

动员全国1万家以上民营企业，采取产业扶贫、就业扶贫、公益扶贫等方式，帮助1万个以上贫困村加快脱贫进程，为打赢脱贫攻坚战贡献力量。

第四节　军队帮扶

构建整体帮扶体系。把地方所需、群众所盼与部队所能结合起来，优先扶持家境困难的军烈属、退役军人等群体。中央军委机关各部门（不含直属机构）和副战区级以上单位机关带头做好定点帮扶工作。省军区系统和武警总队帮扶本辖区范围内相关贫困村脱贫。驻贫困地区作战部队实施一批具体扶贫项目和扶贫产业，部队生活物资采购注重向贫困地区倾斜。驻经济发达地区部队和有关专业技术单位根据实际承担结对帮扶任务。

发挥部队帮扶优势。发挥思想政治工作优势，深入贫困地区开展脱贫攻坚宣传教育，组织军民共建活动，传播文明新风，丰富贫困人口精神文化生活。发挥战斗力突击力优势，积极支持和参与农业农村基础设施建设、生态环境治理、易地扶贫搬迁等工作。发挥人才培育优势，配合实施教育扶贫工程，接续做好"八一爱民学校"援建工作，组织开展"1+1"、"N+1"等结对助学活动，团级以上干部与贫困家庭学生建立稳定帮扶关系。采取军地联训、代培代训等方式，帮助贫困地区培养实用人才，培育一批退役军人和民兵预备役人员致富带头人。发挥科技、医疗等资源优势，促进军民两用科技成果转化运用，组织87家军队和武警部队三级医院对口帮扶113家贫困县县级医院，开展送医送药和巡诊治病活动。帮助革命老区加强红色资源开发，培育壮大红色旅游产业。

第五节 社会组织和志愿者帮扶

广泛动员社会力量帮扶。支持社会团体、基金会、社会服务机构等各类组织从事扶贫开发事业。建立健全社会组织参与扶贫开发的协调服务机制，构建社会扶贫信息服务网络。以各级脱贫攻坚规划为引导，鼓励社会组织扶贫重心下移，促进帮扶资源与贫困户精准对接帮扶。支持社会组织通过公开竞争等方式，积极参加政府面向社会购买扶贫服务工作。鼓励和支持社会组织参与扶贫资源动员、资源配置使用、绩效论证评估等工作，支持其承担扶贫项目实施。探索发展公益众筹扶贫模式。着力打造扶贫公益品牌。鼓励社会组织在贫困地区大力倡导现代文明理念和生活方式，努力满足贫困人口的精神文化需求。制定出台社会组织参与脱贫攻坚的指导性文件，从国家层面予以指导。建立健全社会扶贫监测评估机制，创新监测评估方法，及时公开评估结果，增强社会扶贫公信力和影响力。

进一步发挥社会工作专业人才和志愿者扶贫作用。制定出台支持专业社会工作和志愿服务力量参与脱贫攻坚专项政策。实施社会工作专业人才服务贫困地区系列行动计划。鼓励发达地区社会工作专业人才和社会工作服务机构组建专业服务团队、兴办社会工作服务机构，为贫困地区培养和选派社会工作专业人才。实施脱贫攻坚志愿服务行动计划。鼓励支持青年学生、专业技术人员、退休人员和社会各界人士参与扶贫志愿者行动。充分发挥中国志愿服务联合会、中华志愿者协会、中国青年志愿者协会、中国志愿服务基金会和中国扶贫志愿服务促进会等志愿服务行业组织的作用，构建扶贫志愿者服务网络。

办好扶贫日系列活动。在每年的 10 月 17 日全国扶贫日期间举办专题活动，动员全社会力量参与脱贫攻坚。举办减贫与发展高层论坛，开展表彰活动，做好宣传推介。从 2016 年起，在脱贫攻坚期设立"脱贫攻坚奖"，表彰为脱贫攻坚作出重要贡献的个人。每年发布《中国的减贫行动与人权进步》白皮书。组织各省（区、市）结合自身实际开展社会公募、慰问调研等系列活动。

专栏 15　社会工作专业人才和志愿者帮扶

（一）社会工作专业人才服务贫困地区系列行动计划。

实施社会工作专业人才服务"三区"行动计划，每年向边远贫困地区、边疆民族地区和革命老区选派 1000 名社会工作专业人才，为"三区"培养 500 名社会工作专业人才。积极实施农村留守人员残疾人社会关爱行动、城市流动人口社会融入计划、特困群体社会关怀行动、发达地区与贫困地区牵手行动、重大自然灾害与突发事件社会工作服务支援行动，支持社会工作服务机构和社会工作者为贫困地区农村各类特殊群体提供有针对性的服务。

（二）脱贫攻坚志愿服务行动计划。

实施扶贫志愿者行动计划，每年动员不少于 1 万人次到贫困地区参与扶贫开发，开展扶贫服务工作。以"扶贫攻坚"志愿者行动项目、"邻里守望"志愿服务行动、扶贫志愿服务品牌培育行动等为重点，支持有关志愿服务组织和志愿者选择贫困程度深的建档立卡贫困村、贫困户和特殊困难群体，在教育、医疗、文化、科技领域开展精准志愿服务行动。以空巢老人、残障人士、农民工及困难职工、留守儿童等群体为重点，开展生活照料、困难帮扶、文体娱乐、技能培训等方面的志愿帮扶活动。通过政府购买服务、公益创投、社会资助等方式，引导支持志愿服务组织和志愿者参与扶贫志愿服务，培育发展精准扶贫志愿服务品牌项目。

第六节　国际交流合作

坚持"引进来"和"走出去"相结合，加强国际交流合作。引进资金、信息、技术、智力、理念、经验等国际资源，服务我国扶贫事业。通过对外援助、项目合作、技术扩散、智库交流等形式，加强与发展中国家和国际机构在减贫领域的交流合作，加强减贫知识分享，加大南南合作力度，增强国际社会对我国精准扶贫、精准脱贫基本方略的认同，提升国际影响力和话语权。组织实施好世界银行第六期贷款、中国贫困片区儿童减贫与综合发展、减贫国际合作等项目。响应联合国 2030 年可持续发展议程。

第十章　提升贫困地区区域发展能力

以革命老区、民族地区、边疆地区、集中连片特困地区为重点，整体规划，统筹推进，持续加大对集中连片特困地区的扶贫投入力度，切实加强交通、水利、能源等重大基础设施建设，加快解决贫困村通路、通水、通电、通网络等问题，贫困地区区域发展环境明显改善，"造血"能力显著提升，基本公共服务主要领域指标接近全国平均水平，为 2020 年解决区域性整体贫困问题提供有力支撑。

第一节　继续实施集中连片特困地区规划

统筹推进集中连片特困地区规划实施。组织实施集中连片特困地区区域发展与扶贫攻坚"十三五"省级实施规划，片区重大基础设施和重点民生工程要优先纳入"十三五"相关专项规划和年度计划，集中建设一批区域性重大基础设施和重大民生工程，明显改善片区区域发展环境、提升自我发展能力。

完善片区联系协调机制。进一步完善片区联系工作机制，全面落实片区联系单位牵头责任，充分发挥部省联系会议制度功能，切实做好片区区域发展重大事项的沟通、协调、指导工作。强化片区所在省级政府主体责任，组织开展片区内跨行政区域沟通协调，及时解决片区规划实施中存在的问题和困难，推进片区规划各项政策和项目尽快落地。

第二节　着力解决区域性整体贫困问题

大力推进革命老区、民族地区、边疆地区脱贫攻坚。加大脱贫攻坚力度，支持革命老区开发建设，推进实施赣闽粤原中央苏区、左右江、大别山、陕甘宁、川陕等重点贫困革命老区振兴发展规划，积极支持沂蒙、湘鄂赣、太行、海陆丰等欠发达革命老区加快发展。扩大对革命老区的财政转移支付规模。加快推进民族地区重大基础设施项目和民生工程建设，实施少数民族特困地区和特困群体综合扶贫工程，出台人口较少民族整体脱贫的特殊政策措施。编制边境扶贫专项规划，采取差异化政策，加快推进边境地区基础设施和社会保障设施建设，集中改善边民生产生活条件，扶持发展边境贸易和特色经济，大力推进兴边富民行动，使边民能够安心生产生活、安心守边固边。加大对边境地区的财政转移支付力度，完善边民补贴机制。加大中央投入力度，采取特殊扶持政策，推进西藏、四省藏区和新疆南疆四地州脱贫攻坚。

推动脱贫攻坚与新型城镇化发展相融合。支持贫困地区基础条件较好、具有特色资源的县城和特色小镇加快发展，打造一批休闲旅游、商贸物流、现代制造、教育科技、传统文化、美丽宜居小镇。结合中小城市、小城镇发展进程，加快户籍制度改革，有序推动农业转移人口市民化。统筹规划贫困地区城乡基础设施网络，促进水电路气信等基础设施城乡联网、生态环保设施城乡统一布局建设。推进贫困地区无障碍环境建设。推动城镇公共服务向农村延伸，逐步实现城乡基本公共服务制度并轨、标准统一。

推进贫困地区区域合作与对外开放。推动贫困地区深度融入"一带一路"建设、京津冀协同发展、长江经济带发展三大国家战略，与有关国家级新区、自主创新示范区、自由贸易试验区、综合配套改革试验区建立紧密合作关系，打造区域合作和产业承接发展平台，探索发展"飞地经济"，引导发达地区劳动密集型等产业优先向贫困地区转移。支持贫困地区具备条件的地方申请设立海关特殊监管区域，积极承接加工贸易梯度转移。拓展贫困地区招商引资渠道，利用外经贸发展专项资金促进贫困地区外经贸发展，优先支持贫困地区项目申报借用国外优惠贷款。鼓励贫困地区培育和发展会展平台，提高知名度和影响力。加快边境贫困地区开发开放，加强内陆沿边地区口岸基础设施建设，开辟跨境多式联运交通走廊，促进边境经济合作区、跨境经济合作区发展，提升边民互市贸易便利化水平。

专栏16　特殊类型地区发展重大行动

　　（一）革命老区振兴发展行动。

　　规划建设一批铁路、高速公路、支线机场、水利枢纽、能源、信息基础设施工程，大力实施天然林保护、石漠化综合治理、退耕还林还草等生态工程，支持风电、水电等清洁能源开发，建设一批红色旅游精品线路。

　　（二）民族地区奔小康行动。

　　推进人口较少民族整族整村精准脱贫。对陆地边境抵边一线乡镇因守土戍边不宜易地扶贫搬迁的边民，采取就地就近脱贫措施。实施少数民族特色村镇保护与发展工程，重点建设一批少数民族特色村寨和民族特色小镇。支持少数民族传统手工艺品保护与发展。

　　（三）沿边地区开发开放行动。

　　实施沿边地区交通基础设施改造提升工程；实施产业兴边工程，建设跨境旅游合作区和边境旅游试验区；实施民生安边工程，完善边民补贴机制。

第三节　加强贫困地区重大基础设施建设

　　构建外通内联交通骨干通道。加强革命老区、民族地区、边疆地区、集中连片特困地区对外运输通道建设，推动国家铁路网、国家高速公路网连接贫困地区的重大交通项目建设，提高国道省道技术标准，构建贫困地区外通内联的交通运输通道。加快资源丰富和人口相对密集贫困地区开发性铁路建设。完善贫困地区民用机场布局规划，加快支线机场、通用机场建设。在具备水资源开发条件的贫困地区，统筹内河航电枢纽建设和航运发展，提高通航能力。形成布局科学、干支结合、结构合理的区域性综合交通运输网络。在自然条件复杂、灾害多发且人口相对密集的贫困地区，合理布局复合多向、灵活机动的保障性运输通道。依托我国与周边国家互联互通重要通道，推动沿边贫困地区交通基础设施建设。

着力提升重大水利设施保障能力。加强重点水源、大中型灌区续建配套节水改造等工程建设，逐步解决贫困地区工程性缺水和资源性缺水问题，着力提升贫困地区供水保障能力。按照"确有需要、生态安全、可以持续"的原则，科学开展水利扶贫项目前期论证，在保护生态的前提下，提高水资源开发利用水平。加大贫困地区控制性枢纽建设、中小河流和江河重要支流治理、抗旱水源建设、山洪灾害防治、病险水库（闸）除险加固、易涝地区治理力度，坚持工程措施与非工程措施结合，加快灾害防治体系建设。

优先布局建设能源工程。积极推动能源开发建设，煤炭、煤电、核电、油气、水电等重大项目，跨区域重大能源输送通道项目，以及风电、光伏等新能源项目，同等条件下优先在贫困地区规划布局。加快贫困地区煤层气（煤矿瓦斯）产业发展。统筹研究贫困地区煤电布局，继续推进跨省重大电网工程和天然气管道建设。加快推进流域龙头水库和金沙江、澜沧江、雅砻江、大渡河、黄河上游等水电基地重大工程建设，努力推动怒江中下游水电基地开发，支持离网缺电贫困地区小水电开发，重点扶持西藏、四省藏区和少数民族贫困地区小水电扶贫开发工作，风电、光伏发电年度规模安排向贫困地区倾斜。

专栏 17　贫困地区重大基础设施建设工程

　　（一）交通骨干通道工程。

　　——铁路：加快建设银川至西安、郑州至万州、郑州至阜阳、张家口至大同、太原至焦作、郑州至济南、重庆至贵阳、兰州至合作、玉溪至磨憨、大理至临沧、弥勒至蒙自、叙永至毕节、渝怀铁路增建二线、青藏铁路格拉段扩能改造等项目。规划建设重庆至昆明、赣州至深圳、贵阳至南宁、长沙至赣州、京九高铁阜阳至九江段、西安至十堰、原平至大同、忻州至保定、张家界至吉首至怀化、中卫至兰州、贵阳至兴义、克塔铁路铁厂沟至塔城段、浦梅铁路建宁至冠豸山段、兴国至泉州、西宁至成都（黄胜关）、格尔木至成都、西安至铜川至延安、平凉至庆阳、和田至若羌至罗布泊、宝中铁路中卫至平凉段扩能等项目。

　　——公路：加快推进 G75 兰州至海口高速公路渭源至武都段、G65E 榆树至蓝田高速公路绥德至延川段、G6911 安康至来凤高速公路镇坪至巫溪段等国家高速公路项目建设，有序推进 G244 乌海至江津公路华池（打扮梁）至庆城段、G569 曼德拉至大通公路武威至仙米寺段等 165 项普通国道建设。

　　——机场：加快新建巫山、巴中、仁怀、武冈、陇南、祁连、莎车机场项目，安康、泸州、宜宾机场迁建项目和桂林、格尔木、兴义等机场改扩建项目建设进度；积极推动新建武隆、黔北、罗甸、乐山、瑞金、抚州、朔州、共和、黄南机场项目，昭通机场迁建项目以及西宁等机场改扩建项目建设。

　　（二）重点水利工程。

　　——重点水源工程：加快建设贵州夹岩、西藏拉洛等大型水库工程及一批中小型水库工程；实施甘肃引洮供水二期工程等引提水及供水保障工程；在干旱易发县加强各类抗旱应急水源工程建设，逐步完善重点旱区抗旱体系。

　　——重点农田水利工程：基本完成涉及内蒙古、河北、河南、安徽、云南、新疆和湖南等省份贫困县列入规划的 117 处大型灌区续建配套与节水改造任务，加快推进中型灌区续建配套与节水改造。建设吉林松原、内蒙古绰勒、青海湟水北干渠、湖南涔天河等灌区。以新疆南疆地区、六盘山区等片区为重点，发展管灌、喷灌、微灌等高效节水灌溉工程。

——重点防洪工程：继续实施大中型病险水闸、水库除险加固。以东北三江治理为重点，进一步完善大江大河大湖防洪减灾体系。基本完成规划内乌江、白龙江、嘉陵江、清水河、湟水等 244 条流域面积 3000 平方公里以上中小河流治理任务。以滇西边境山区、滇桂黔石漠化片区、武陵山区、六盘山区及非集中连片特困地区为重点，加大重点山洪沟防洪治理力度。开展易涝区综合治理工程建设，实施规划内蓄滞洪区建设和淮河流域重点平原洼地治理工程。

（三）重点能源工程。

——水电：开工建设金沙江白鹤滩、叶巴滩，澜沧江托巴，雅砻江孟底沟，大渡河硬梁包，黄河玛尔挡、羊曲等水电站；加快推进金沙江龙盘、黄河茨哈峡等水电站项目。

——火电：开工建设贵州习水二郎 2×66 万千瓦、河南内乡 2×100 万千瓦等工程。规划建设新疆南疆阿克苏地区库车俄霍布拉克煤矿 2×66 万千瓦坑口电厂。

——输电工程：开工建设蒙西—天津南特高压交流，宁东—浙江、晋北—江苏特高压直流，川渝第三通道 500 千伏交流等工程。开工建设锦界、府谷—河北南网扩容工程，启动陕北（延安）—湖北特高压直流输电工程工作。

——煤层气：开工建设吕梁三交、柳林煤层气项目，黔西滇东煤层气示范工程，贵州六盘水煤矿瓦斯抽采规模化利用和瓦斯治理示范矿井，新疆南疆阿克苏地区拜城县煤层气示范项目。

——天然气：开工建设新疆煤制气外输管道，楚雄—攀枝花天然气管道等工程。积极推进重庆、四川页岩气开发，开工建设重庆页岩气渝东南、万州—云阳天然气管道等工程，适时推进渝黔桂外输管道工程。

第四节　加快改善贫困村生产生活条件

全面推进村级道路建设。全面完成具备条件的行政村通硬化路建设，优先安排建档立卡贫困村通村道路硬化。推动一定人口规模的自然村通公路，重点支持较大人口规模撤并建制村通硬化路。加强贫困村通客车线路上的生命安全防护工程建设，改造现有危桥，对不能满足安全通客车要求的窄路基路面路段进行加宽改造。加大以工代赈力度，支持贫困地区实施上述村级道路建设任务。通过"一事一议"等方式，合理规划建设村内道路。

巩固提升农村饮水安全水平。全面落实地方政府主体责任，全面推进"十三五"农村饮水安全巩固提升工程，做好与贫困村、贫困户的精准对接，加快建设一批集中供水工程。对分散性供水和水质不达标的，因地制宜实行升级改造。提升贫困村自来水普及率、供水保证率、水质达标率，推动城镇供水设施向有条件的贫困村延伸，着力解决饮水安全问题。到 2020 年，贫困地区农村集中供水率达到 83%，自来水普及率达到 75%。

多渠道解决生活用能。全面推进能源惠民工程，以贫困地区为重点，加快实施新一轮农村电网改造升级工程，实施配电网建设改造行动计划。实行骨干电网与分布式能源相结合，到 2020 年，贫困村基本实现稳定可靠的供电服务全覆盖，供电能力和服务水平明显提升。大力发展农村清洁能源，推进贫困村小水电、太阳能、风能、农林和畜牧废弃物等可再生能源开发利用。因地制宜发展沼气工程。鼓励分布式光伏发电与设施农业发展相结合，推广应用太阳能热水器、太阳灶、小风电等农村小型能源设施。提高能源普遍服务水平，推进城乡用电同网同价。

加强贫困村信息和物流设施建设。实施"宽带乡村"示范工程，推动公路沿线、集镇、行政村、旅游景区 4G（第四代移动通信）网络基本覆盖。鼓励基础电信企业针对贫困地区出台更优惠的资费方案。加强贫困村邮政基础设施建设，实现村村直接通邮。加快推进"快递下乡"工程，完善农村快递揽收配送网点建设。支持快递企业加强与农业、供销合作、商贸企业的合作，推动在基础条件相对较好的地区率先建立县、乡、村消费品和农资配送网络体系，打造"工业品下乡"和"农产品进城"双向流通渠道。

继续实施农村危房改造。加快推进农村危房改造，按照精准扶贫要求，重点解决建档立卡贫困户、低保户、分散供养特困人员、贫困残疾人家庭的基本住房安全问题。统筹中央和地方补助资金，建立健全分类补助机制。严格控制贫困户建房标准。通过建设农村集体公租房、幸福院，以及利用闲置农户住房和集体公房置换改造等方式，解决好贫困户基本住房安全问题。

加强贫困村人居环境整治。在贫困村开展饮用水源保护、生活污水和垃圾处理、畜禽养殖污染治理、农村面源污染治理、乱埋乱葬治理等人居环境整治工作，保障处理设施运行经费，稳步提升贫困村人居环境水平。到 2020 年，90% 以上贫困村的生活垃圾得到处理，普遍建立村庄保洁制度，设立保洁员岗位并优先聘用贫困人口。开展村庄卫生厕所改造，逐步解决贫困村人畜混居问题。提高贫困村绿化覆盖率。建设村内道路照明等必要的配套公共设施。

健全贫困村社区服务体系。加强贫困村基层公共服务设施建设，整合利用现有设施和场地，拓展学前教育、妇女互助和养老服务、殡葬服务功能，努力实现农村社区公共服务供给多元化。依托"互联网+"拓展综合信息服务功能，逐步构建线上线下相结合的农村社区服务新模式。统筹城乡社区服务体系规划建设，积极培育农村社区社会组织，发展社区社会工作服务。

深化农村社区建设试点，加强贫困村移风易俗、乡风和村规民约等文明建设。

加强公共文化服务体系建设。按照公共文化建设标准，对贫困县未达标公共文化设施提档升级、填平补齐。加强面向"三农"的优秀出版物和广播影视节目生产。启动实施流动文化车工程。实施贫困地区县级广播电视播出机构制播能力建设工程。为贫困村文化活动室配备必要的文化器材。推进重大文化惠民工程融合发展，提高公共数字文化供给和服务能力。推动广播电视村村通向户户通升级，到 2020 年，基本实现数字广播电视户户通。组织开展"春雨工程"——全国文化志愿者边疆行活动。

着力改善生产条件。推进贫困村农田水利、土地整治、中低产田改造和高标准农田建设。抓好以贫困村为重点的田间配套工程、"五小水利"工程和高效节水灌溉工程建设，抗旱水源保障能力明显提升。结合产业发展，建设改造一批资源路、旅游路、产业园区路，新建改造一批生产便道，推进"交通+特色产业"扶贫。大力整治农村河道堰塘。实施贫困村通动力电规划，保障生产用电。加大以工代赈投入力度，着力解决农村生产设施"最后一公里"问题。

专栏 18　改善贫困乡村生产生活条件

（一）百万公里农村公路工程。

建设通乡镇硬化路 1 万公里，通行政村硬化路 23 万公里，一定人口规模的自然村公路 25 万公里（其中撤并建制村通硬化路约 8.3 万公里）。新建改建乡村旅游公路和产业园区公路 5 万公里。加大农村公路养护力度，改建不达标路段 23 万公里，着力改造"油返砂"公路 20 万公里。改造农村公路危桥 1.5 万座。

（二）小型水利扶贫工程。

实施农村饮水安全巩固提升工程，充分发挥已建工程效益，因地制宜采取改造、配套、升级、联网等措施，统筹解决工程标准低、供水能力不足和水质不达标等农村饮水安全问题。大力开展小型农田水利工程建设，因地制宜实施"五小水利"工程建设。

（三）农村电网改造升级工程。

完成贫困村通动力电，到2020年，全国农村地区基本实现稳定可靠的供电服务全覆盖，农村电网供电可靠率达到99.8%，综合电压合格率达到97.9%，户均配变容量不低于2千伏安，建成结构合理、技术先进、安全可靠、智能高效的现代农村电网。

（四）网络通信扶贫工程。

实施宽带网络进村工程，推进11.7万个建档立卡贫困村通宽带，力争到2020年实现宽带网络覆盖90%以上的贫困村。

（五）土地和环境整治工程。

开展土地整治和农村人居环境整治工程，增加耕地数量、提升耕地质量、完善农田基础设施，建设规模1000万亩。分别在8.1万个行政村建设55.38万个公共卫生厕所，8.5万个村建设61.84万处垃圾集中收集点，3.68万个村建设15.43万处污水处理点，3.4万个村建设9.92万处旅游停车场。

（六）农村危房改造。

推进农村危房改造，统筹开展农房抗震改造，到2020年，完成建档立卡贫困户、低保户、分散供养特困人员、贫困残疾人家庭的存量危房改造任务。

（七）农村社区服务体系建设工程。

力争到2020年底，农村社区综合服务设施覆盖易地扶贫搬迁安置区（点）和50%的建档立卡贫困村，农村社区公共服务综合信息平台覆盖30%的贫困县，努力实现社区公共服务多元化供给。

（八）以工代赈工程。

在贫困地区新增和改善基本农田500万亩，新增和改善灌溉面积1200万亩，新建和改扩建农村道路80000公里，治理水土流失面积11000平方公里，片区综合治理面积6000平方公里，建设草场600万亩。

（九）革命老区彩票公益金扶贫工程。

支持 396 个革命老区贫困县的贫困村开展村内道路、水利和环境改善等基础设施建设，实现项目区内自然村 100% 通公路，道路硬化率 80%，农户饮水安全比重 95% 以上，100% 有垃圾集中收集点，每个行政村设有文化广场和公共卫生厕所等。

第十一章　保障措施

将脱贫攻坚作为重大政治任务，采取超常规举措，创新体制机制，加大扶持力度，打好政策组合拳，强化组织实施，为脱贫攻坚提供强有力保障。

第一节　创新体制机制

精准扶贫脱贫机制。加强建档立卡工作，健全贫困人口精准识别与动态调整机制，加强精准扶贫大数据管理应用，定期对贫困户和贫困人口进行全面核查，按照贫困人口认定、退出标准和程序，实行有进有出的动态管理。加强农村贫困统计监测体系建设，提高监测能力和数据质量。健全精准施策机制，切实做到项目安排精准、资金使用精准、措施到户精准。健全驻村帮扶机制。严格执行贫困退出和评估认定制度。加强正向激励，贫困人口、贫困村、贫困县退出后，国家原有扶贫政策在一定时期内保持不变，确保实现稳定脱贫。

扶贫资源动员机制。发挥政府投入主导作用，广泛动员社会资源，确保扶贫投入力度与脱贫攻坚任务相适应。推广政府与社会资本合作、政府购买服务、社会组织与企业合作等模式，建立健全招投标机制和绩效评估机制，充分发挥竞争机制对提高扶贫资金使用效率的作用。鼓励社会组织承接东西部扶贫协作、定点扶贫、企业扶贫具体项目的实施,引导志愿者依托社会组织更好发挥扶贫作用。引导社会组织建立健全内部治理机制和行业自律机制。围绕脱贫攻坚目标任务,推进部门之间、政府与社会之间的信息共享、资源统筹和规划衔接,构建政府、市场、社会协同推进的大扶贫开发格局。

贫困人口参与机制。充分发挥贫困村党员干部的引领作用和致富带头人的示范作用,大力弘扬自力更生、艰苦奋斗精神,激发贫困人口脱贫奔小康的积极性、主动性、创造性,引导其光荣脱贫。加强责任意识、法治意识和市场意识培育,提高贫困人口参与市场竞争的自觉意识和能力,推动扶贫开发模式由"输血"向"造血"转变。建立健全贫困人口利益与需求表达机制,充分尊重群众意见,切实回应群众需求。完善村民自治制度,建立健全贫困人口参与脱贫攻坚的组织保障机制。

资金项目管理机制。对纳入统筹整合使用范围内的财政涉农资金项目,将审批权限下放到贫困县,优化财政涉农资金供给机制,支持贫困县围绕突出问题,以摘帽销号为导向,以脱贫攻坚规划为引领,以重点扶贫项目为平台,统筹整合使用财政涉农资金。加强对脱贫攻坚政策落实、重点项目和资金管理的跟踪审计,强化财政监督检查和项目稽察等工作,充分发挥社会监督作用。建立健全扶贫资金、项目信息公开机制,保障资金项目在阳光下运行,确保资金使用安全、有效、精准。

考核问责激励机制。落实脱贫攻坚责任制,严格实施省级党委和政府扶贫开发工作成效考核办法,建立扶贫工作责任清单,强化执纪问责。落实贫困县约束机制,杜绝政绩工程、形象工程。加强社会监督，建立健全第三方评估机制。建立年度脱贫攻坚逐级报告和督查巡查制度。建立重大涉贫事件处置反馈机制。集中整治和加强预防扶贫领域职务犯罪。

第二节　加大政策支持

财政政策。中央财政继续加大对贫困地区的转移支付力度，中央财政专项扶贫资金规模实现较大幅度增长，一般性转移支付资金、各类涉及民生的专项转移支付资金和中央预算内投资进一步向贫困地区和贫困人口倾斜。加大中央集中彩票公益金对扶贫的支持力度。农业综合开发、农村综合改革转移支付等涉农资金要明确一定比例用于贫困村。各部门安排的惠民政策、工程项目等，要最大限度地向贫困地区、贫困村、贫困人口倾斜。扩大中央和地方财政支出规模，增加基础设施和基本公共服务设施建设投入。各省（区、市）要积极调整省级财政支出结构，切实加大扶贫资金投入。

投资政策。加大贫困地区基础设施建设中央投资支持力度。严格落实国家在贫困地区安排的公益性建设项目取消县级和西部集中连片特困地区地市级配套资金的政策。省级政府统筹可支配财力，加大对贫困地区的投入力度。在扶贫开发中推广政府与社会资本合作、政府购买服务等模式。

金融政策。鼓励和引导各类金融机构加大对扶贫开发的金融支持。发挥多种货币政策工具正向激励作用，用好扶贫再贷款，引导金融机构扩大贫困地区涉农贷款投放，促进降低社会融资成本。鼓励银行业金融机构创新金融产品和服务方式，积极开展扶贫贴息贷款、扶贫小额信贷、创业担保贷款和助学贷款等业务。发挥好开发银行和农业发展银行扶贫金融事业部的功能和作用。继续深化农业银行三农金融事业部改革,稳定和优化大中型商业银行县域基层网点设置,推动邮政储蓄银行设立三农金融事业部,发挥好农村信用社、农村商业银行、农村合作银行的农村金融服务主力作用。建立健全融资风险分担和补偿机制,支持有条件的地方设立扶贫贷款风险补偿基金。鼓励有条件的地方设立扶贫开发产业投资基金,支持贫困地区符合条件的企业通过主板、创业板、全国中小企业股份转让系统、区域股权交易市场等进行股本融资。推动开展特色扶贫农业保险、小额人身保险等多种保险业务。

土地政策。支持贫困地区根据第二次全国土地调查及最新年度变更调查成果,调整完善土地利用总体规划。新增建设用地计划指标优先保障扶贫开发用地需要,专项安排国家扶贫开发工作重点县年度新增建设用地计划指标。中央在安排高标准农田建设任务和分配中央补助资金时,继续向贫困地区倾斜,并积极指导地方支持贫困地区土地整治和高标准农田建设。加大城乡建设用地增减挂钩政策支持扶贫开发及易地扶贫搬迁力度,允许集中连片特困地区和其他国家扶贫开发工作重点县将增减挂钩节余指标在省域范围内流转使用。积极探索市场化运作模式,吸引社会资金参与土地整治和扶贫开发工作。在有条件的贫困地区,优先安排国土资源管理制度改革试点,支持开展历史遗留工矿废弃地复垦利用和城镇低效用地再开发试点。

干部人才政策。加大选派优秀年轻干部到贫困地区工作的力度,加大中央单位和中西部地区、民族地区、贫困地区之间干部交流任职的力度,有计划地选派后备干部到贫困县挂职任职。改进贫困地区基层公务员考录工作和有关人员职业资格考试工作。加大贫困地区干部教育培训力度。实施边疆民族地区和革命老区人才支持计划，在职务、职称晋升等方面采取倾斜政策。提高博士服务团和"西部之光"访问学者选派培养水平，深入组织开展院士专家咨询服务活动。完善和落实引导人才向基层和艰苦地区流动的激励政策。通过双向挂职锻炼、扶贫协作等方式，推动东、中、西部地区之间，经济发达地区与贫困地区之间事业单位人员交流，大力选派培养与西部等艰苦地区优势产业、保障和改善民生密切相关的专业技术人才。充实加强各级扶贫开发工作力量，扶贫任务重的乡镇要有专门干部负责扶贫开发工作。鼓励高校毕业生到贫困地区就业创业。

第三节　强化组织实施

加强组织领导。在国务院扶贫开发领导小组统一领导下，扶贫开发任务重的省、市、县、乡各级党委和政府要把脱贫攻坚作为中心任务，层层签订脱贫攻坚责任书，层层落实责任制。重点抓好县级党委和政府脱贫攻坚领导能力建设，改进县级干部选拔任用机制，选好配强扶贫任务重的县党政班子。脱贫攻坚任务期内，县级领导班子保持相对稳定，贫困县党政正职领导干部实行不脱贫不调整、不摘帽不调离。加强基层组织建设，强化农村基层党组织的领导核心地位，充分发挥基层党组织在脱贫攻坚中的战斗堡垒作用和共产党员的先锋模范作用。加强对贫困群众的教育引导，强化贫困群众的主体责任和进取精神。大力倡导新风正气和积极健康的生活方式，逐步扭转落后习俗和不良生活方式。完善村级组织运转经费保障机制，健全党组织领导的村民自治机制，切实提高村委会在脱贫攻坚工作中的组织实施能力。加大驻村帮扶工作力度，提高县以上机关派出干部比例，精准选配第一书记，配齐配强驻村工作队，确保每个贫困村都有驻村工作队，每个贫困户都有帮扶责任人。

明确责任分工。实行中央统筹、省负总责、市县抓落实的工作机制。省级党委和政府对脱贫攻坚负总责，负责组织指导制定省级及以下脱贫攻坚规划，对规划实施提供组织保障、政策保障、资金保障和干部人才保障，并做好监督考核。根据国家关于贫困退出机制的要求，各省（区、市）统筹脱贫进度，制定省级"十三五"脱贫攻坚规划，明确贫困县、贫困村和贫困人口年度脱贫目标。县级党委和政府负责规划的组织实施工作，并对规划实施效果负总责。市（地）党委和政府做好上下衔接、域内协调和督促检查等工作。各有关部门按照职责分工，制定扶贫工作行动计划或实施方案，出台相关配套支持政策，加强业务指导和推进落实。

加强监测评估。国家发展改革委、国务院扶贫办负责本规划的组织实施与监测评估等工作。加强扶贫信息化建设，依托国务院扶贫办扶贫开发建档立卡信息系统和国家统计局贫困监测结果，定期开展规划实施情况动态监测和评估工作。监测评估结果作为省级党委和政府扶贫开发工作成效考核的重要依据，及时向国务院报告。

对本规划确定的约束性指标以及重大工程、重大项目、重大政策和重要改革任务，要明确责任主体、实施进度等要求，确保如期完成。对纳入本规划的重大工程项目，要在依法依规的前提下简化审批核准程序，优先保障规划选址、土地供应和融资安排。

农业部关于加大贫困地区项目资金倾斜支持力度 促进特色产业精准扶贫的意见

农计发〔2016〕94号

为贯彻党中央国务院关于打赢脱贫攻坚战的决策部署，落实九部委关于《贫困地区发展特色产业促进精准脱贫指导意见》的精神，推进农业部建设项目和财政资金向贫困地区倾斜，支持特色产业精准扶贫，现提出如下意见。

一、理清思路，凝聚倾斜支持共识

全面贯彻落实中央关于脱贫攻坚决策部署，坚持精准扶贫、精准脱贫的基本方略，牢固树立创新、协调、绿色、开放、共享的发展理念，立足贫困地区发展实际，突出需求导向，强化规划统领，结合现有渠道，加大农业项目资金倾斜支持力度，不断壮大农业特色主导产业，促进贫困地区传统农业加快向现代农业迈进，助力扶贫对象精准受益，稳定提高收入，如期实现脱贫攻坚目标，为全面建成小康社会做出积极贡献。

（一）坚持规划引领。把"十三五"脱贫攻坚规划、特色产业精准扶贫规划和相关专项规划，作为农业项目资金向贫困地区倾斜安排的重要依据，以项目支撑规划任务落实，分级推动各类规划有效实施，切实发挥规划的引领作用。

（二）坚持产业优先。把做大做强特色产业作为农业项目资金倾斜安排的首要任务，统筹加强贫困地区特色农产品生产、加工、流通设施条件建设，提升综合服务能力，构建优势突出、特色鲜明、绿色高效的现代农业产业体系，开掘富源，拔掉穷根。

（三）坚持精准安排。把精准配置资源作为向贫困地区农业项目资金倾斜安排的重要遵循，选准特色农业发展薄弱环节和产业发展重点，建立与贫困地区相适应的差别化项目资金准入门槛，强化涉农资金统筹使用，变项目资金安排由"扶优扶强"为"扶特扶精"，提高贫困对象的参与度与受益度。

（四）坚持公开透明。把"阳光操作"作为农业项目资金倾斜安排的基本要求，深入推行农业项目公示制度，及时向社会公开项目安排等相关信息，接受社会监督，确保项目实施各环节科学透明、程序规范、公开公正。

二、突出实效，聚焦倾斜支持重点

按照上述思路和原则，"十三五"期间，着力在农业生产基础设施、农业科技推广服务、现代农业产业体系、新型经营主体发展、农业防灾减灾等方面，加大农业项目资金向贫困地区倾斜支持力度，助推贫困地区特色产业发展。

（一）加强农业生产基础设施建设。积极推动农业基础设施建设项目向贫困地区倾斜，不断夯实贫困地区产业发展基础。对于在新增千亿斤粮食生产能力规划范围内的151个贫困县，年度项目资金优先倾斜安排，加快建成一批旱涝保收、高产稳产、生态良好的高标准农田；向符合条件的贫困地区优先安排标准化规模养殖场建设项目，改善水电路、粪污处理、防疫、质量检测等基础设施条件，培育壮大一批设施完备、环境友好的养殖场（小区），巩固和提升贫困地区特色产业带动能力。

（二）强化农业科技推广服务。加大对贫困地区农业科技推广项目的实施力度，促进贫困地区特色资源优势转化为产业发展优势。现代农业产业技术体系项目向贫困地区延伸，基层农技推广体系改革与建设、粮棉油糖绿色高产高效创建、园艺作物标准园创建等补助资金向贫困地区倾斜安排，支持贫困地区特色资源开发；加大贫困地区农机购置补贴政策扶持力度，不断提高贫困地区农机装备水平；加快实施国家级和区域性制育种基地（场、中心）项目，支持符合条件的贫困县加强良种繁育基地等设施条件建设，提高供种能力和生产效益。

（三）构建现代农业产业体系。围绕种养结合、链条延伸、功能拓展，支持贫困地区完善特色农业产业体系，促进农业增效、农民增收。鼓励符合条件的贫困地区开展"粮改饲"试点。马铃薯主食产品及产业开发试点、高产优质苜蓿示范片区建设、畜牧良种补贴、基础母牛扩群、渔业标准化健康养殖等补助资金，优先安排到符合条件的贫困地区，支持贫困地区调整农业结构。鼓励贫困地区因地制宜发展一村一品特色产业，支持开展一村一品专业示范村镇创建。农产品产地初加工补助政策资金向贫困地区倾斜，减损提质，错季销售，提高农产品附加值。鼓励贫困地区培育特色农业品牌，逐步完善农产品产地市场交易、冷链物流等设施条件。加快发展农业信息化，加快实施信息进村入户工程，大力发展电子商务。支持贫困地区开展全国休闲农业和乡村旅游示范县示范点创建、中国美丽休闲乡村推介、中国重要农业文化遗产认定、休闲农业与乡村旅游星级企业创建，因地制宜在贫困地区开展一二三产业融合试点。

（四）支持新型经营主体发展。鼓励贫困地区开展各级农民合作社示范社、示范家庭农场创建，推动涉农建设项目、财政补助补贴资金将贫困地区农业产业化龙头企业、农民合作社、家庭农场列为优先支持对象，鼓励中高等学校特别是农业职业院校毕业生、新型职业农民和农村实用人才、务工经商返乡人员等在贫困地区领办兴办农民合作社、家庭农场。加大新型职业农民培育补助资金对贫困地区的支持力度，重点扶持种养大户、家庭农场主、农民合作社带头人、返乡创业大学生、农民工等；继续在贫困地区开展农村实用人才带头人和大学生村官示范培训工作，开展贫困地区产业发展带头人培训等"扶智行动"。

（五）提高农业防灾减灾能力。着力加强贫困地区农业防灾减灾体系建设，推动贫困地区特色农业减损增效。综合考虑贫困地区畜禽品种、数量、分布区域以及免疫工作量，加大动物防疫经费支持力度。充分利用小麦"一喷三防"、病虫害防治、草原灭鼠、农业生产应急救灾等政策资金，加大对贫困地区倾斜支持比重和覆盖范围，提高贫困地区防灾减灾能力。

（六）加强资源环境保护。统筹贫困地区影响农业资源与生态环境保护的各种要素，优先在贫困地区设置国家农业可持续试验示范区，优先实施生态循环农业、农村沼气、东北黑土地保护、石漠化综合治理、退牧还草、湿地保护与恢复、农牧交错带已垦草原治理等生态工程，新增退耕还林还草任务优先向贫困县倾斜，在符合条件的贫困地区积极落实草原生态保护补助奖励政策；支持水资源丰富的贫困地区开展渔业增殖放流，加强水生生物保护区建设，提升贫困地区生态保护与建设水平。

三、强化保障，提高倾斜支持效率

推进农业项目资金向贫困地区倾斜，是发挥政府支农资金引导作用、推动形成脱贫攻坚合力的重要举措。各级农业部门要高度重视，立足职责，建立工作机制，创新工作方式，落实工作责任，强化协调沟通，务求取得实效。

（一）建立上下联动机制。农业部各有关司局要依据现有规划和资金渠道，加强与发改、财政等部门沟通协调，及早发布项目申报信息，明确申报条件，优先安排符合条件的贫困地区特色产业发展支持项目。省级农业部门要加强贫困地区项目组织申报实施的指导和服务，严格筛选，及时报送符合条件的项目。贫困地区农业部门要根据特色产业精准扶贫等规划，积极谋划项目，指导项目单位抓紧开展项目前期工作，落实用地、规划等前置条件，并督促做好项目实施工作。

（二）创新项目支持方式。严格落实国家在贫困地区安排的公益性建设项目取消县级和西部连片特困地市级配套资金的政策，并加大中央和省级财政投资补助比重。创新项目审批方式，允许国家级贫困县以主导产业为依托打捆申报项目。对中央农业项目资金和财政补助资金形成的经营性固定资产，要探索股权量化到贫困户的有效实现形式，确保扶贫对象长期稳定受益。积极争取专项建设基金、各类金融资金投入贫困地区特色产业发展。有关特色产业项目要把建档立卡贫困户精准受益作为支持安排的重要条件，完善带动贫困户脱贫增收的利益联结机制，强化贫困户"造血"功能，带动贫困户增收脱贫。

（三）加强事中事后指导与监查。对贫困县未纳入资金统筹整合使用范围的农业项目，要加强定期调度和日常监管，强化信息公开确保项目按照批复的建设内容和目标实施，发挥资金使用效益；对已纳入资金统筹整合使用范围的农业项目，要按照国务院的有关要求，及时报省级扶贫开发领导小组备案，并向我部通报。

农业部

2016 年 9 月 1 日

深度贫困地区教育脱贫攻坚
实施方案（2018—2020 年）

教育部　国务院扶贫办关于印发《深度贫困地区
教育脱贫攻坚实施方案（2018—2020 年）》的通知
教发〔2018〕1 号

各省、自治区、直辖市教育厅（教委）、扶贫办（局），
计划单列市教育局、扶贫办（局），新疆生产建设兵团
教育局、扶贫办：

为深入学习贯彻落实党的十九大精神，认真贯彻
落实习近平总书记在深度贫困地区脱贫攻坚座谈会上
的重要讲话精神和《中共中央办公厅、国务院办公厅
关于支持深度贫困地区脱贫攻坚的实施意见》要求，
全国教育系统会同扶贫系统要以更加集中的支持、更
加有效的举措、更加有力的工作，共同打好深度贫困
地区教育脱贫攻坚战。现将《深度贫困地区教育脱贫
攻坚实施方案（2018—2020 年）》印发给你们，请认
真贯彻执行，并结合实际，制定本区域内深度贫困地
区教育脱贫攻坚实施方案。

教育部　国务院扶贫办
2018 年 1 月 15 日

攻克深度贫困堡垒，是打赢脱贫攻坚战必须完成的任务。为全面贯彻落实《中共中央办公厅、国务院办公厅关于支持深度贫困地区脱贫攻坚的实施意见》要求，进一步聚焦深度贫困地区教育扶贫，用三年时间集中攻坚，确保深度贫困地区如期完成"发展教育脱贫一批"任务，特制定本实施方案。

一、总体要求

1. 指导思想。深入学习贯彻落实党的十九大精神和习近平总书记扶贫开发重要战略思想，全面贯彻落实党中央关于深度贫困地区脱贫攻坚的总体部署，坚持精准扶贫、精准脱贫基本方略，以"三区三州"为重点，以补齐教育短板为突破口，以解决瓶颈制约为方向，充分调动各方面积极性、主动性和创造性，采取超常规举措，推动教育新增资金、新增项目、新增举措进一步向"三区三州"倾斜，切实打好深度贫困地区教育脱贫攻坚战。

2. 工作目标。到 2020 年，"三区三州"等深度贫困地区教育总体发展水平显著提升，实现建档立卡贫困人口教育基本公共服务全覆盖。保障各教育阶段建档立卡学生从入学到毕业的全程全部资助，保障贫困家庭孩子都可以上学，不让一个学生因家庭经济困难而失学。更多建档立卡贫困学生接受更好更高层次教育，都有机会通过职业教育、高等教育或职业培训实现家庭脱贫，教育服务区域经济社会发展和脱贫攻坚的能力显著增强。

二、精准建立"三区三州"教育扶贫台账

1. 建立建档立卡贫困教育人口底数台账。落实《教育部办公厅关于印发〈建立建档立卡贫困教育人口信息比对工作协调机制的实施方案〉的通知》要求，每年春季、秋季学期进行建档立卡贫困教育人口信息比对，精准定位每个建档立卡贫困学生，为精准实施教育扶贫政策、精准投放教育扶贫资金提供依据。建立建档立卡贫困学生教育和资助状况年度报告制度，有关结果作为监测各地教育扶贫工作成效的重要依据。

2. 建立教育扶贫基本情况台账。以县为单位建立各级各类教育统计数据台账，摸清现状和需求，测算基本建设、设备购置、教师队伍、学生资助等方面缺口，完善各类教育扶贫项目储备库。建立教育扶贫财政投入年度报告制度，及时掌握各地财政教育扶贫相关经费安排情况。

3. 建立教育扶贫工作推进台账。将"三区三州"教育脱贫攻坚各项工作全部纳入工作台账。把东西部扶贫协作、中央单位定点扶贫、携手奔小康等工作纳入台账化管理，开发教育扶贫地图，多种方式掌握"三区三州"教育对口支援动态。

三、稳步提升"三区三州"教育基本公共服务水平

1. 保障义务教育。统筹推进县域内城乡义务教育一体化改革发展，着力解决"三区三州"义务教育"乡村弱、城镇挤"问题。优化学校布局，强化义务教育投入，加大对"三区三州"倾斜支持力度。全面改善贫困地区义务教育薄弱学校基本办学条件工作优先支持"三区三州"，确保所有义务教育学校如期达到"20条底线要求"。加强"三区三州"乡村小规模学校和乡镇寄宿制学校的建设和管理，提高农村教育质量。继续实施农村义务教育学生营养改善计划，不断扩大地方试点范围。落实《国务院办公厅关于进一步加强义务教育控辍保学提高巩固水平的通知》，完善控辍保学工作机制，因地因人施策，对贫困家庭子女、留守儿童、残疾儿童等特殊困难儿童接受义务教育实施

全过程帮扶和管理，防止适龄儿童少年失学辍学。

2. 发展学前教育。省级统筹学前教育资金向"三区三州"倾斜，实施好第三期学前教育行动计划。鼓励在"三区三州"实施"幼有所育"计划，大力发展公办园，支持每个乡镇至少办好一所公办中心幼儿园，大村独立建园，小村联合办园或设分园，完善农村学前教育服务网络，帮助农村贫困家庭幼儿就近接受学前教育，解放农村劳动力。采取多种方式鼓励普惠性民办幼儿园招收建档立卡贫困学生。落实幼儿园教职工配备标准，配足配齐幼儿园教职工，加大对农村幼儿园教师特别是小学转岗教师的培训力度。

3. 普及高中阶段教育。深入实施《高中阶段教育普及攻坚计划（2017—2020 年）》，把"三区三州"尚未普及高中阶段教育的地区作为攻坚的重中之重。教育基础薄弱县普通高中建设项目、普通高中改造计划、现代职业教育质量提升计划、职业教育产教融合工程等优先支持"三区三州"扩大教育资源，改善办学条件，保障建档立卡贫困家庭学生接受高中阶段教育的机会。推动基本消除普通高中大班额现象，减少超大规模学校。各地要完善财政投入机制，加大投入力度，建立完善普通高中生均拨款制度和中等职业学校生均拨款制度，积极化解"三区三州"普通高中债务，制定债务偿还计划。

4. 加快发展职业教育。省级统筹职业教育资金，支持"三区三州"每个地级市（州、盟）建设好一所中等职业学校。在"三区三州"率先实施职业教育东西协作行动计划，建立工作协调机制和管理平台，全面落实东西职业院校协作全覆盖行动、东西协作中职招生兜底行动、职业院校参与东西劳务协作等三大任务。为就读职业学校的"三区三州"贫困家庭学生，开辟招生绿色通道，优先招生，优先选择专业，优先安排在校企合作程度较深的订单定向培训班或企业冠名班，优先落实助学政策，优先安排实习，优先推荐就业。广泛开展公益性职业技能培训，实现脱贫举措与技能培训的精准对接。

5. 加强乡村教师队伍建设。深入实施乡村教师支持计划，继续加大国培计划、特岗计划、公费师范生培养、中小学教师信息技术应用能力提升工程等政策对"三区三州"的支持力度，资助教师开展学历继续教育能力提升，提高教师整体素质和能力水平。落实好连片特困地区乡村教师生活补助政策，指导"三区三州"所在省份用好中央奖补政策，逐步提高补助标准，自主扩大实施范围，稳定和吸引优秀人才长期在乡村学校任教。加大边远贫困地区、边疆民族地区和革命老区人才支持计划教师专项计划倾斜力度，优先向"三区三州"选派急需的优秀支教教师，缓解"三区三州"师资紧缺、优秀教师不足的矛盾，提高当地学校教育教学水平。

6. 实施好"三区三州"现有免费教育政策。全面落实西藏教育"三包"政策，支持新疆南疆四地州14年免费教育政策。各相关省份要按照"尽力而为、量力而行"的原则，审慎开展四省藏区及三州的免费教育政策。推广民族地区"9+3"免费教育计划。

7. 确保建档立卡贫困学生资助全覆盖。学前教育按照"地方先行、中央补助"的原则，建立并实施学前教育资助政策，义务教育实施"两免一补"政策，中等职业教育实施免学费和国家助学金政策，普通高中免除建档立卡等家庭经济困难学生学杂费并实施国家助学金政策，高等教育及研究生教育实施"奖助贷勤补免"及入学绿色通道等"多元混合"的资助方式，务必保障"三区三州"建档立卡贫困家庭学生享受学生资助政策。对通过职业教育东西协作到东部地区省（市）接受中职教育的建档立卡贫困家庭学生，西部地区省（市）从财政扶贫资金中按照每生每年3000元左右的标准给予资助，东部地区省（市）从东西扶贫协作财政援助资金中按照不少于每生每年1000元的标准给予资助，用于学生的交通、住宿、课本教材、服装等方面费用。

8. 加大少数民族优秀人才培养力度。继续实施内地西藏班、新疆班、少数民族预科班、少数民族高层次骨干人才培养计划，招生计划向"三区三州"倾斜。实施好在普通高校招生录取中南疆各民族实行同等教育优惠政策，面向南疆单列部分招生计划。实施定向西藏、新疆公共管理人才培养工作。

四、面向"三区三州"实施推普脱贫攻坚行动

1. 组织开展基层干部和青壮年农牧民普通话培训。通过集中学习、"一对一"互帮互学等方式，加强"三区三州"基层干部国家通用语言文字意识的培养和应用能力的培训，帮助所有在职干部都能具备使用国家通用语言文字开展工作的能力。结合"三区三州"旅游服务、产业发展、劳务输出等需求，对不具备普通话沟通能力的青壮年农牧民进行专项培训，使其具有使用普通话进行基本沟通交流的能力。由驻村扶贫干部负责组织教师、返乡大学生等对村民集中开展普通话专项学习培训，在每个行政村举办"人人通"推普脱贫培训班，带动推普工作进村、入户、到人。

2. 同步推进职业技能培训与普通话推广。结合"国家通用语言文字普及攻坚工程"，统筹经费面向"三区三州"青壮年农

牧民提供更加精准的公益性培训，把普通话推广与职业技能培训相结合，重点支持少数民族学习掌握使用普通话，显著提高应用通用语言文字能力和职业技术技能水平，解决因语言不通而无法就业创业脱贫的问题。

3. 强化学校推广普及国家通用语言文字的基础性作用。在学前和义务教育阶段全面推广国家通用语言文字授课，确保少数民族学生基本掌握和使用国家通用语言文字。强化"三区三州"的学校校长和教师自觉规范使用国家通用语言文字的意识和能力，努力使普通话成为校园语言，为学生创设良好的国家通用语言文字学校使用环境。严把教师入口关，所有新进教师的普通话水平应达到国家规定的相应等级。加大对现有双语教师国家通用语言文字培训力度，大力提高使用国家通用语言文字进行教育教学的能力，普通话水平达到相应等级。

五、多渠道加大"三区三州"教育扶贫投入

1. 发挥政府投入的主体和主导作用。中央相关教育转移支付存量资金优先保障、增量资金更多用于"三区三州"教育发展和建档立卡贫困学生受教育的需要。"三区三州"所在省级政府要加强经费统筹，切实把教育扶贫作为财政支出重点予以优先保障，经费安排向"三区三州"倾斜。

2. 发挥金融资金的引导和协同作用。联合国家开发银行等政策性金融机构，在"三区三州"先行先试，引入政策性信贷资金，精准对接教育扶贫多元化融资需求。在甘肃省教育精准扶贫示范区探索开展金融助力教育脱贫工作，及时总结经验并适时在更大范围示范推广。探索金融助力职业教育东西协作工作模式。

3. 集聚"三区三州"教育对口支援力量。建立教育扶贫工作联盟，统筹东西部扶贫协作、对口支援、中央单位定点扶贫、携手奔小康等方面帮扶力量，形成对口帮扶"三区三州"教育脱贫攻坚的合力。大力推进教育援藏、援疆、援青等工作，加强援受双方教育部门、各级学校、教师、学生之间的全领域对口帮扶。支持高水平大学对口支援"三区三州"高校。充分发挥国家开放大学办学体系优势，对口帮扶"三区三州"广播电视大学改善办学条件。鼓励社会力量广泛参与，引导支持各类社会团体、公益组织、企业和个人参与"三区三州"教育扶贫工作。

六、加大保障力度

1. 落实各级政府责任。教育部、国务院扶贫办会同有关部门建立工作协调机制，建立工作台账，定期召开调度会，研究解决"三区三州"教育脱贫攻坚有关重大问题，统筹推进相关工作。省级政府承担"三区三州"教育脱贫攻坚的主体责任，加强统筹组织，制订实施工作方案。地市级政府加强协调指导，县级政府统筹整合各方面资源，落实各项具体政策和工作任务。

2. 严格考核督查评估。把实施方案落实情况作为教育督导重点任务，以建档立卡贫困家庭学生就学状况、资助状况、就业状况为重点，对"三区三州"教育扶贫工作实施进展和成效进行监测评价。根据脱贫攻坚督查巡查工作总体安排，将"三区三州"教育扶贫工作成效作为重要内容，对落实不力的地区和单位进行问责。用好精准扶贫第三方评估机制。

3. 营造良好舆论环境。加大对"三区三州"教育脱贫攻坚宣传力度，组织新闻媒体广泛宣传教育扶贫各项惠民、富民政策措施，宣传先进典型，推广经验做法，形成常态化宣传工作机制。动员社会各界多种形式关心支持"三区三州"教育扶贫工作。

关于进一步发挥交通扶贫脱贫
攻坚基础支撑作用的实施意见

国家发展改革委　交通运输部　国务院扶贫办关于印发
《关于进一步发挥交通扶贫脱贫攻坚基础支撑作用的
实施意见》的通知

发改基础〔2016〕926号

各省、自治区、直辖市人民政府，国家民委、财政部、
国土资源部、环境保护部、住房城乡建设部、农业部、
商务部、税务总局、旅游局、铁路局、民航局、邮政
局、铁路总公司、国家开发银行、农业发展银行：

　　"十三五"时期是全面建成小康社会决胜阶段，也
是打赢脱贫攻坚战的决战决胜阶段。为深入贯彻落实
《中共中央 国务院关于打赢脱贫攻坚战的决定》，加快
贫困地区交通发展，提高交通扶贫精准性和有效性，
为实现贫困地区与全国同步建成小康社会提供有力保
障，经国务院同意，现将《关于进一步发挥交通扶贫
脱贫攻坚基础支撑作用的实施意见》（以下简称《实施
意见》）印发你们，请结合实际认真贯彻落实。

　　一、要充分认识交通基础设施建设对扶贫脱贫的
重要意义，牢固树立和贯彻落实新发展理念，加快贫
困地区交通基础设施建设，增强普遍服务能力，改善
交通出行条件，拉动有效投资，扩大就业，更好发挥

先导作用。

二、各级地方政府、各部门要认真组织落实《实施意见》，加快实施交通扶贫"双百"工程。要按照职责分工，抓紧制定具体实施方案，细化实化时间表、路线图，进一步完善政策措施和工作机制，确保完成交通扶贫脱贫各项任务。

三、加大对贫困地区交通基础设施建设的资金支持力度，深入推进交通供给侧结构性改革。鼓励引导中央企业及各类社会资本加大投入，积极推广政府和社会资本合作模式，拓宽融资渠道，激发市场活力，支持贫困地区交通建设。

四、发展改革委、交通运输部、国务院扶贫办将统筹组织实施工作，加强协调指导，加大监督检查力度，及时跟踪调度年度工作进展。请有关部门在规划、土地、环评等方面给予积极支持，请地方及时反馈项目实施和建设进展情况。

国家发展改革委

交通运输部

国务院扶贫办

2016 年 4 月 29 日

"十三五"时期是全面建成小康社会决胜阶段，我国扶贫开发进入啃硬骨头、攻坚拔寨冲刺期。打赢脱贫攻坚战是促进全体人民共享改革发展成果、实现共同富裕的重大举措，也是经济发展新常态下扩大国内需求、促进经济增长的重要途径。为深入贯彻落实《中共中央 国务院关于打赢脱贫攻坚战的决定》，充分发挥交通扶贫对脱贫攻坚的基础支撑作用，提高交通扶贫精准性和有效性，经国务院同意，现提出以下意见。

一、深刻认识交通扶贫重大意义

改革开放以来，我国交通基础设施建设取得巨大成就，贫困地区交通出行条件得到显著改善，为推动贫困地区脱贫致富奔小康创造了条件。但我国贫困地区交通发展仍然相对滞后，对外交通不便，城乡衔接不畅，运输通道少、标准低，服务质量水平落后。农村地区特别是一些自然条件较为恶劣的贫困山区基础交通网络覆盖不足。此外，农村公路技术标准普遍偏低、抗灾能力较弱、缺桥少涵、安全设施不到位等问题依然突出，很多道路出现"油返砂"、"砂返土"现象；农村客运均等化水平不高、路通车不通，客运线路开得通、留不住现象突出，货运服务水平较低。

改善贫困地区发展环境，强化自我造血功能，提升民生保障水平，培育农村新兴消费，需要着力改善贫困地区交通出行条件，提高交通安全技术水平，增强交通普遍服务能力。加快实施交通扶贫，是实现精准扶贫、精准脱贫的先手棋，是破解贫困地区经济社会发展瓶颈的关键举措，也是扩大内需、促进交通运输自身发展的重要内容，对于全面建成小康社会具有积极意义。

二、总体要求

（一）总体思路。认真贯彻落实党的十八大和十八届三中、四中、五中全会精神，按照"五位一体"总体布局和"四个全面"战略布局，牢固树立和贯彻落实创新、协调、绿色、开放、共享的新发展理念，结合推进新型城镇化，转变交通扶贫工作思路，由被动帮扶向主动作为转变，由偏重"输血"向注重"造血"转变，由单兵突进向多措并举转变，以革命老区、民族地区、边疆地区、贫困地区为重点，加快实施交通扶贫"双百"工程，着力消除贫困地区交通瓶颈，强化交通引导联动开发能力，提升交通扶贫政策效果，为实现贫困地区与全国同步建成全面小康社会提供有力支撑。

（二）基本原则。

因地制宜，精准施策。准确把握不同地区的交通需求，重点针对贫困人口绝对数量多、贫困发生率高的地区，在交通扶贫目标设置、进度安排、项目落地、资金使用等方面提高精准性。

点面结合，重点突破。针对事关脱贫攻坚全局的交通发展短板，在重点地区和关键领域率先突破，总结经验，复制推广，形成以点带线、以线串面、互动联动的交通扶贫新格局。

政府主导，强力推进。强化政府责任，加大对重点困难地区的支持力度，充分发挥地方政府的脱贫攻坚主体作用，做好交通扶贫与产业扶贫、易地扶贫搬迁等对接，共同开创交通扶贫新局面。

创新机制，激发活力。建立健全上下一体、部门协同、内外联动的交通扶贫新机制，广泛动员和吸引各方面力量参与交通建设，以交通发展引导扶贫开发，以引进项目促进投资就业，增强贫困地区自身发展的内生动力和发展活力。

保护生态，绿色发展。在交通建设和运输服务中，将节约集约利用资源和保护生态环境理念贯穿始终。推动贫困地区交通运输绿色发展，建设宜居、宜行、宜游的美丽乡村和美好家园。

（三）发展目标。到2020年，在贫困地区建设广覆盖、深通达、提品质的交通运输网络，总体实现进得来、出得去、行得通、走得畅。乡村交通基础网络明显改善，实现乡镇通硬化路，建制村通硬化路、通客车、通邮政，自然村道路条件得到改善。区域交通骨干通道建设显著加强，铁路、高速公路基本覆盖贫困地区市（地、州）行政中心，有条件的市（地、州）级城市和重点旅游景区布局建设支线机场。二级及以上高等级公路基本覆盖所有县城，有条件的县城实现通铁路、高速公路。普遍运输服务保障能力显著增强，多样化、个性化运输需求得到满足，基本消除贫困地区发展的交通瓶颈，有效支撑脱贫攻坚任务，为实现贫困人口脱贫致富提供更好保障。

三、完善精准扶贫乡村交通基础网络

（一）加快通乡连村公路建设。加强贫困地区县乡道建设，推进相邻县、相邻乡镇之间公路建设。加快推动既有县乡公路提级改造，增强县乡中心区域的辐射带动能力。提高贫困地区公路通达通畅深度，实现贫困地区所有具备条件的乡镇、建制村、撤并村及一定人口规模的自然村通硬化路。加快易地扶贫搬迁安置点公路建设。加大农村公路养护力度，着力改造"油返砂"公路，改造现有农村公路危桥，实施渡口改造工程，逐步消除贫困地区客车通行安全隐患。

（二）加强对旅游等产业的交通支撑。推动"交通+特色产业"扶贫，改善产业园区、特色农业基地等交通条件，支持贫困地区资源有序开发。加快旅游交通基础设施网络建设，加强贫困地区重点景区、乡村旅游点道路衔接，推动"交通+旅游休闲"扶贫。着力改善贫困地区自然人文、少数民族特色村寨和风情小镇等旅游景点景区交通运输条件，加快重点区域支线机场、普通铁路建设，开拓直通旅游航线和铁路旅游专线，形成铁路、公路旅游景观带和旅游品牌效应，扩大精品旅游线路影响力。加大多层次的旅游运输服务供给，满足深度游、观光游、农家游等多样化需求。强化交通与文娱、休闲等服务的融合创新，带动汽车营地、自行自驾等新兴旅游方式发展。

按照上述任务要求，重点实施百万公里农村公路建设工程，包括剩余乡镇通硬化路 1 万公里、建制村通硬化路 23 万公里、易地扶贫搬迁安置点通硬化路 5 万公里、乡村旅游公路和产业园区公路 5 万公里、一定人口规模的自然村公路 25 万公里、改建不达标路段 23 万公里、改造"油返砂"公路 20 万公里和农村公路危桥 1.5 万座。

四、建设外通内联区域交通骨干通道

（一）畅通区域对外骨干通道。加强革命老区、民族地区、边疆地区、贫困地区对外运输通道建设，促进资源要素便捷顺畅流动。加快贫困地区对外开发性高等级公路建设，加强铁路支撑引导，完善支线机场建设布局。对国家公路网、中长期铁路网、中长期民用机场布局规划中的重大项目，建设时机与脱贫目标要求充分衔接，建设方案充分考虑贫困地区脱贫需求。

（二）强化片区内部通道连接。加强贫困地区市（地、州）之间、市（地、州）与县（区、旗）之间运输通道建设，提升贫困地区内部交通连接能力，实施具有对外连接功能的重要干线公路提质升级工程。加快资源丰富和人口相对密集贫困地区开发性铁路建设。在具备水资源开发条件的贫困地区，统筹内河航电枢纽建设和航运发展，提高通航能力。在自然条件复杂、灾害多发且人口相对聚集的贫困地区，合理布局复合多向、灵活机动的保障性运输通道。

（三）改善沿边贫困地区通道条件。依托我国与周边国家互联互通重要通道，推动沿边贫困地区交通基础设施建设，加强与边境口岸的交通联系，以开放促进边疆贫困地区脱贫致富。提升口岸的交通枢纽功能，发挥口岸辐射带动作用。加强沿边贫困地区与干线铁路、公路的衔接。加快推进沿边公路建设，重点建设沿边贫困地区空白路段，加强既有路段升级改造，有效串联沿边贫困地区重要城镇、口岸、厂区和人口聚集点。适时推进沿边铁路建设。

按照上述任务要求，重点实施百项交通扶贫骨干通道工程，包括高速公路项目 32 项、普通国道项目 165 项、铁路项目 16 项、机场项目 14 项。

五、提升贫困地区运输服务水平

（一）提供普惠可靠的客运服务。加快推进农村客运站和停靠点建设，实施建制村通客车攻坚工程，着力提升贫困地区基本公共客运服务覆盖水平，客流密度相对较大的贫困地区逐步实现农村客运公交化。积极推广农村班车进城、城市公交下乡，紧密衔接周边重要换乘节点，实现贫困地区客车开得通、留得住。根据贫困地区客流特征，提供不同车型结构、班次频率、组织模式的客运服务，更好地满足安全可靠、多样便捷的出行需求。创新贫困地区客运服务经营模式，采取政府资助、社会捐助、社会化运作等方式，促进城乡客运资源整合、服务一体衔接。

（二）发展实惠便捷的货运物流。建设县、乡、村三级农村物流服务网络，探索构建多样化、专业化货运网络，促进贫困地区特色种养、特色加工、能矿开发、绿色生态等产业落地、发展。结合贫困地区生产流通特点，支持流通企业将业务延伸至农村地区，建立城乡一体的物流配送体系，畅通农产品进城和工业品下乡的物流配送体系。推动土特产分散收货、大宗货物集约高效运输，降低物流成本，支撑和引导农、林、牧、矿等产业发展。

（三）培育现代高效的电商快递。促进交通运输与电子商务信息产业融合，推动"交通+电商快递"扶贫。依托农村地区信息进村入户工程，利用互联网电商平台，促进农资农产品"线上线下"产运销联动发展，带动农村消费升级换代。充分发挥贫困地区农产品"名、优、特"优势，建立农产品网上销售、流通追溯和运输配送体系。加快推进"快递下乡"工程，完善农村快递揽收配送网点建设，利用村委会、万村千乡农家店、新农村电子商务服务站点、益农信息社、供销超市、村邮站等公共服务平台开展农村快递服务。

六、强化政策支持保障

（一）拓展交通扶贫投融资渠道。健全贫困地区交通基础设施投资长效机制。增加政府投入，优化中央预算内投资、车购税等资金支出结构，统筹加大各级各类资金倾斜力度，重点支持交通扶贫"双百"工程建设。按照现有铁路、公路、机场建设投资模式和资金筹措来源，加快百项骨干通道工程前期工作，优先予以推进实施。按照中央和地方共同承担的原则，研究确定百万公里农村公路建设资金落实方案。加大中央和省级财政支持农村公路建设力度，地方政府应在有关资金项目管理规定和实施方案的框架内，统筹目标相近、方向类似的相关转移支付资金用于农村公路建设。创新交通投融资机制，鼓励和引导采用政府和社会资本合作等模式进行项目建设。发挥开发性、政策性金融导向作用，加大国家开发银行、农业发展银行等信贷资金支持力度。完善国家扶贫项目贷款贴息政策。更好发挥"以奖代补"、"以工代赈"、"一事一议"等机制作用。

（二）实施税费优惠政策。落实交通基础设施建设税费优惠政策，切实减轻贫困地区交通基础设施建设负担。落实公共基础设施项目企业所得税"三免三减半"优惠政策，对贫困地区符合条件的交通基础设施建设落实城镇土地使用税、耕地占用税等优惠政策。鼓励各地研究实施对涉及交通扶贫项目建设的相关费用予以减免的优惠政策，完善鲜活农产品运输"绿色通道"相关政策，支持农村客运、农村物流、邮政快递发展。

（三）创新土地利用模式。在安排新增建设用地计划指标时，向集中连片特困地区等脱贫攻坚重点区域倾斜，优先保障交通扶贫项目建设用地需求。科学安排交通扶贫项目线路、场站建设，提高土地集约利用效率。

（四）完善技术标准体系。结合贫困地区发展实际，进一步完善和规范农村公路建设和养护标准。根据不同贫困地区特点，研究构建分类适用的支线机场、通用机场以及客货运输站场等建设标准体系。加强交通设施、载运工具和运营管理安全技术标准体系建设。建立健全农村地区鲜活农副产品等冷链物流标准体系。

（五）加强养护管理和职业教育。建养并重，加强贫困地区公路养护管理，将农村公路养护资金逐步纳入地方财政预算，健全公路养护长效机制，完善应急管理体系，增强安全保障和服务能力。加大职业教育力度，多渠道提高劳动力素质，扩大贫困地区就业。

七、切实加强组织实施

（一）加强组织领导。各级地方政府、各部门要强化交通扶贫责任意识、攻坚意识，加强组织领导，完善务实高效的工作推进机制。建立健全交通扶贫重大项目协调推进机制，协商解决实施过程中跨部门、跨区域的重大问题，确保交通扶贫各项任务落实落地。

（二）明确责任分工。各级地方政府要认真抓好本意见的贯彻落实，明确工作任务和责任分工，落实建设资金，加大政策项目实施力度，结合本地区实际细化交通扶贫实施方案。发展改革委要牵头协调解决重大事项，交通运输部、铁路局、民航局、邮政局、中国铁路总公司等有关部门和企业要加大对贫困地区交通发展的支持力度，各有关部门要按照职责分工，统筹中央预算内投资、车购税、铁路建设基金、民航发展基金等资金的落实，加强联系、协同推进、形成合力。

（三）强化考核监督。加强对本意见的监督检查，落实督办责任制和评估机制，发挥社会舆论和第三方评估机制作用，对"双百"工程等重点任务和年度目标分行业、分区域及时跟踪检查督办，确保政策落地、资金到位、项目实施。

国土资源部　国务院扶贫办　国家能源局

2017 年 9 月 25 日

脱贫攻坚责任制实施办法

（新华社北京 2016 年 10 月 17 日电，中共中央办公厅、国务院办公厅印发）

第一章　总　　则

第一条　为了全面落实脱贫攻坚责任制，根据《中共中央、国务院关于打赢脱贫攻坚战的决定》和中央有关规定，制定本办法。

第二条　本办法适用于中西部 22 个省（自治区、直辖市）党委和政府、有关中央和国家机关脱贫攻坚责任的落实。

第三条　脱贫攻坚按照中央统筹、省负总责、市县抓落实的工作机制，构建责任清晰、各负其责、合力攻坚的责任体系。

第二章　中央统筹

第四条　党中央、国务院主要负责统筹制定脱贫攻坚大政方针，出台重大政策举措，完善体制机制，规划重大工程项目，协调全局性重大问题、全国性共性问题。

第五条 国务院扶贫开发领导小组负责全国脱贫攻坚的综合协调，建立健全扶贫成效考核、贫困县约束、督查巡查、贫困退出等工作机制，组织实施对省级党委和政府扶贫开发工作成效考核，组织开展脱贫攻坚督查巡查和第三方评估，有关情况向党中央、国务院报告。

第六条 国务院扶贫开发领导小组建设精准扶贫精准脱贫大数据平台，建立部门间信息互联共享机制，完善农村贫困统计监测体系。

第七条 有关中央和国家机关按照工作职责，运用行业资源落实脱贫攻坚责任，按照《贯彻实施〈中共中央、国务院关于打赢脱贫攻坚战的决定〉重要政策措施分工方案》要求制定配套政策并组织实施。

第八条 中央纪委机关对脱贫攻坚进行监督执纪问责，最高人民检察院对扶贫领域职务犯罪进行集中整治和预防，审计署对脱贫攻坚政策落实和资金重点项目进行跟踪审计。

第三章　省负总责

第九条 省级党委和政府对本地区脱贫攻坚工作负总责，并确保责任制层层落实；全面贯彻党中央、国务院关于脱贫攻坚的大政方针和决策部署，结合本地区实际制定政策措施，根据脱贫目标任务制定省级脱贫攻坚滚动规划和年度计划并组织实施。省级党委和政府主要负责人向中央签署脱贫责任书，每年向中央报告扶贫脱贫进展情况。

第十条　省级党委和政府应当调整财政支出结构，建立扶贫资金增长机制，明确省级扶贫开发投融资主体，确保扶贫投入力度与脱贫攻坚任务相适应；统筹使用扶贫协作、对口支援、定点扶贫等资源，广泛动员社会力量参与脱贫攻坚。

第十一条　省级党委和政府加强对扶贫资金分配使用、项目实施管理的检查监督和审计，及时纠正和处理扶贫领域违纪违规问题。

第十二条　省级党委和政府加强对贫困县的管理，组织落实贫困县考核机制、约束机制、退出机制；保持贫困县党政正职稳定，做到不脱贫不调整、不摘帽不调离。

第四章　市县落实

第十三条　市级党委和政府负责协调域内跨县扶贫项目，对项目实施、资金使用和管理、脱贫目标任务完成等工作进行督促、检查和监督。

第十四条　县级党委和政府承担脱贫攻坚主体责任，负责制定脱贫攻坚实施规划，优化配置各类资源要素，组织落实各项政策措施，县级党委和政府主要负责人是第一责任人。

第十五条　县级党委和政府应当指导乡、村组织实施贫困村、贫困人口建档立卡和退出工作，对贫困村、贫困人口精准识别和精准退出情况进行检查考核。

第十六条　县级党委和政府应当制定乡、村落实精准扶贫精准脱贫的指导意见并监督实施，因地制宜，分类指导，保证贫困退出的真实性、有效性。

第十七条 县级党委和政府应当指导乡、村加强政策宣传，充分调动贫困群众的主动性和创造性，把脱贫攻坚政策措施落实到村到户到人。

第十八条 县级党委和政府应当坚持抓党建促脱贫攻坚，强化贫困村基层党组织建设，选优配强和稳定基层干部队伍。

第十九条 县级政府应当建立扶贫项目库，整合财政涉农资金，建立健全扶贫资金项目信息公开制度，对扶贫资金管理监督负首要责任。

第五章　合力攻坚

第二十条 东西部扶贫协作和对口支援双方各级党政主要负责人必须亲力亲为，推动建立精准对接机制，聚焦脱贫攻坚，注重帮扶成效，加强产业带动、劳务协作、人才交流等方面的合作。东部地区应当根据财力增长情况，逐步增加帮扶投入；西部地区应当主动对接，整合用好资源。

第二十一条 各定点扶贫单位应当紧盯建档立卡贫困人口，细化实化帮扶措施，督促政策落实和工作到位，切实做到扶真贫、真扶贫，不脱贫不脱钩。

第二十二条 军队和武警部队应当发挥组织严密、突击力强等优势，积极参与地方脱贫攻坚，有条件的应当承担定点帮扶任务。

第二十三条 各民主党派应当充分发挥在人才和智力扶贫上的优势和作用，做好脱贫攻坚民主监督工作。

第二十四条　民营企业、社会组织和公民个人应当积极履行社会责任，主动支持和参与脱贫攻坚。

第六章　奖　惩

第二十五条　各级党委和政府、扶贫开发领导小组以及有关中央和国家机关可以按照有关规定对落实脱贫攻坚责任到位、工作成效显著的部门和个人，以适当方式予以表彰，并作为干部选拔使用的重要依据；对不负责任、造成不良影响的，依纪依法追究相关部门和人员责任。

第二十六条　各级党委和政府、扶贫开发领导小组以及有关中央和国家机关对在脱贫攻坚中作出突出贡献的社会帮扶主体，予以大力宣传，并按照有关规定进行表彰。

第七章　附　则

第二十七条　中西部22个省（自治区、直辖市）应当参照本办法，结合本地区实际制定实施细则。其他省（自治区、直辖市）可以参照本办法实施。

第二十八条　本办法由国务院扶贫开发领导小组办公室负责解释。

第二十九条　本办法自2016年10月11日起施行。

金融助推脱贫攻坚

关于金融助推脱贫攻坚的实施意见

（2016 年 3 月 16 日中国人民银行、国家发展改革委、财政部、中国银监会、中国证监会、中国保监会、国务院扶贫开发领导小组办公室联合印发）

为贯彻落实《中共中央 国务院关于打赢脱贫攻坚战的决定》和中央扶贫开发工作会议精神，紧紧围绕"精准扶贫、精准脱贫"基本方略，全面改进和提升扶贫金融服务，增强扶贫金融服务的精准性和有效性，现提出如下实施意见。

一、准确把握金融助推脱贫攻坚工作的总体要求

（一）深入学习领会党中央、国务院精准扶贫、精准脱贫基本方略的深刻内涵，瞄准脱贫攻坚的重点人群和重点任务，精准对接金融需求，精准完善支持措施，精准强化工作质量和效率，扎实创新完善金融服务体制机制和政策措施，坚持精准支

持与整体带动结合，坚持金融政策与扶贫政策协调，坚持创新发展与风险防范统筹，以发展普惠金融为根基，全力推动贫困地区金融服务到村到户到人，努力让每一个符合条件的贫困人口都能按需求便捷获得贷款，让每一个需要金融服务的贫困人口都能便捷享受到现代化金融服务，为实现到 2020 年打赢脱贫攻坚战、全面建成小康社会目标提供有力有效的金融支撑。

二、精准对接脱贫攻坚多元化融资需求

（二）精准对接贫困地区发展规划，找准金融支持的切入点。人民银行分支机构要加强与各地发展改革、扶贫、财政等部门的协调合作和信息共享，及时掌握贫困地区特色产业发展、基础设施和基本公共服务等规划信息。指导金融机构认真梳理精准扶贫项目金融服务需求清单，准确掌握项目安排、投资规模、资金来源、时间进度等信息，为精准支持脱贫攻坚奠定基础。各金融机构要积极对接扶贫部门确定的建档立卡贫困户，深入了解贫困户的基本生产、生活信息和金融服务需求信息，建立包括贫困户家庭基本情况、劳动技能、资产构成、生产生活、就业就学状况、金融需求等内容的精准扶贫金融服务档案，实行"一户一档"。

（三）精准对接特色产业金融服务需求，带动贫困人口脱贫致富。各金融机构要立足贫困地区资源禀赋、产业特色，积极支持能吸收贫困人口就业、带动贫困人口增收的绿色生态种养业、经济林产业、林下经济、森林草原旅游、休闲农业、传统手工业、乡村旅游、农村电商等特色产业发展。有效对接特色农业基地、现代农业示范区、农业产业园区的金融需求，积极开展金融产品和服务方式创新。健全和完善扶贫金融服务主办行制度，支持带动贫困人口致富成效明显的新型农业经营主体。大力发展订单、仓单质押等产业链、供应链金融，稳妥推进试点地区农村承包土地的经营权、农民住房财产权等农村产权融资业务，拓宽抵质押物范围，加大特色产业信贷投入。

（四）精准对接贫困人口就业就学金融服务需求，增强贫困户自我发展能力。鼓励金融机构发放扶贫小额信用贷款，加大对建档立卡贫困户的精准支持。积极采取新型农业经营主体担保、担保公司担保、农户联保等多种增信措施，缓解贫困人口信贷融资缺乏有效抵押担保资产问题。针对贫困户种养殖业的资金需求特点，灵活确定贷款期限，合理确定贷款额度，有针对性改进金融服务质量和效率。管好用好创业担保贷款，支持贫困地区符合条件的就业重点群体和困难人员创业就业。扎实开展助学贷款业务，解决经济困难家庭学生就学资金困难。

（五）精准对接易地扶贫搬迁金融服务需求，支持贫困人口搬得出、稳得住、能致富。支持国家开发银行、农业发展银行通过发行金融债筹措信贷资金，按照保本或微利的原则发放低成本、长期的易地扶贫搬迁贷款，中央财政给予90%的贷款贴息。国家开发银行、农业发展银行要加强信贷管理，简化贷款审批程序，合理确定贷款利率，做好与易地扶贫搬迁项目对接。同时，严格贷款用途，确保贷款支持对象精准、贷款资金专款专用，并定期向人民银行各分支机构报送易地扶贫搬迁贷款发放等情况。开发性、政策性金融与商业性、合作性金融要加强协调配合，加大对安置区贫困人口直接或间接参与后续产业发展的支持。人民银行各分支机构要加强辖内易地扶贫搬迁贷款监测统计和考核评估，指导督促金融机构依法合规发放贷款。

（六）精准对接重点项目和重点地区等领域金融服务需求，夯实贫困地区经济社会发展基础。充分利用信贷、债券、基金、股权投资、融资租赁等多种融资工具，支持贫困地区交通、水利、电力、能源、生态环境建设等基础设施和文化、医疗、卫生等基本公共服务项目建设。创新贷款抵质押方式，支持农村危房改造、人居环境整治、新农村建设等民生工程建设。健全和完善区域信贷政策，在信贷资源配置、金融产品和服务方式创新、信贷管理权限设置等方面，对连片特困地区、革命老区、民族地区、边疆地区给予倾斜。对有稳定还款来源的扶贫项目，在有效防控风险的前提下，国家开发银行、农业发展银行可依法依规发放过桥贷款，有效撬动商业性信贷资金投入。

三、大力推进贫困地区普惠金融发展

（七）深化农村支付服务环境建设，推动支付服务进村入户。加强贫困地区支付基础设施建设，持续推动结算账户、支付工具、支付清算网络的应用，提升贫困地区基本金融服务水平。加强政策扶持，巩固助农取款服务在贫困地区乡村的覆盖面，提高使用率，便利农民足不出村办理取款、转账汇款、代理缴费等基础金融服务，支持贫困地区助农取款服务点与农村电商服务点相互依托建设，促进服务点资源高效利用。鼓励探索利用移动支付、互联网支付等新兴电子支付方式开发贫困地区支付服务市场，填补其基础金融服务空白。在农民工输出省份，支持拓宽农民工银行卡特色服务受理金融机构范围。

（八）加强农村信用体系建设，促进信用与信贷联动。探索农户基础信用信息与建档立卡贫困户信息的共享和对接，完善金融信用信息基础数据库。健全农村基层党组织、"驻村第一书记"、致富带头人、金融机构等多方参与的贫困农户、新型农业经营主体信用等级评定制度,探索建立针对贫困户的信用评价指标体系,完善电子信用档案。深入推进"信用户"、"信用村"、"信用乡镇"评定与创建,鼓励发放无抵押免担保的扶贫贴息贷款和小额信用贷款。

(九)重视金融知识普及,强化贫困地区金融消费者权益保护。加强金融消费者教育和权益保护,配合有关部门严厉打击金融欺诈、非法集资、制售使用假币等非法金融活动,保障贫困地区金融消费者合法权益。畅通消费者投诉的处理渠道,完善多元化纠纷调解机制,优化贫困地区金融消费者公平、公开共享现代金融服务的环境。根据贫困地区金融消费者需求特点,有针对性地设计开展金融消费者教育活动,在贫困地区深入实施农村金融教育"金惠工程",提高金融消费者的金融知识素养和风险责任意识,优化金融生态环境。

四、充分发挥各类金融机构助推脱贫攻坚主体作用

(十)完善内部机构设置,发挥好开发性、政策性金融在精准扶贫中的作用。国家开发银行和农业发展银行加快设立"扶贫金融事业部",完善内部经营管理机制,加强对信贷资金的管理使用,提高服务质量和效率,切实防范信贷风险。"扶贫金融事业部"业务符合条件的,可享受有关税收优惠政策,降低经营成本,加大对扶贫重点领域的支持力度。

(十一)下沉金融服务重心,完善商业性金融综合服务。大中型商业银行要稳定和优化县域基层网点设置,保持贫困地区现有网点基本稳定并力争有所增加。鼓励股份制银行、城市商业银行通过委托贷款、批发贷款等方式向贫困县(市、区)

增加有效信贷投放。中国农业银行要继续深化三农金融事业部改革，强化县级事业部经营能力。鼓励和支持中国邮政储蓄银行设立三农金融事业部，要进一步延伸服务网络，强化县以下机构网点功能建设，逐步扩大涉农业务范围。各金融机构要加大系统内信贷资源调剂力度，从资金调度、授信审批等方面加大对贫困地区有效支持。鼓励实行总、分行直贷、单列信贷计划等多种方式，针对贫困地区实际需求，改进贷款营销模式，简化审批流程，提升服务质量和效率。

（十二）强化农村中小金融机构支农市场定位，完善多层次农村金融服务组织体系。农村信用社、农村商业银行、农村合作银行等要依托网点多，覆盖广的优势，继续发挥好农村金融服务主力的作用。在稳定县域法人地位、坚持服务"三农"的前提下，稳步推进农村信用社改革，提高资本实力，完善法人治理结构，强化农村信用社省联社服务职能。支持符合条件的民间资本在贫困地区参与发起设立村镇银行，规范发展小额贷款公司等，建立正向激励机制，鼓励开展面向"三农"的差异化、特色化服务。支持在贫困地区稳妥规范发展农民资金互助组织，开展农民合作社信用合作试点。

（十三）加强融资辅导和培育，拓宽贫困地区企业融资渠道。支持、鼓励和引导证券、期货、保险、信托、租赁等金融机构在贫困地区设立分支机构，扩大业务覆盖面。加强对贫困地区企业的上市辅导培育和孵化力度，根据地方资源优势和产业特色，完善上市企业后备库，帮助更多企业通过主板、创业板、全国中小企业股份转让系统、区域股权交易市场等进行融资。支持贫困地区符合条件的上市公司和非上市公众公司通过增发、配股，发行公司债、可转债等多种方式拓宽融资来源。支持期货交易所研究上市具有中西部贫困地区特色的期货产品，引导中西部贫困地区利用期货市场套期保值和风险管理。加大宣传和推介力度，鼓励和支持贫困地区符合条件的企业发行企业债券、公司债券、短期融资券、中期票据、项目收益票据、区域集优债券等债务融资工具。

（十四）创新发展精准扶贫保险产品和服务，扩大贫困地区农业保险覆盖范围。鼓励保险机构建立健全乡、村两级保险服务体系。扩大农业保险密度和深度，通过财政以奖代补等方式支持贫困地区发展特色农产品保险。支持贫困地区开展特色农产品价格保险，有条件的地方可给予一定保费补贴。改进和推广小额贷款保证保险，为贫困户融资提供增信支持。鼓励保险机构建立健全针对贫困农户的保险保障体系，全面推进贫困地区人身和财产安全保险业务，缓解贫困群众因病致贫、因灾返贫问题。

（十五）引入新兴金融业态支持精准扶贫，多渠道提供金融服务。在有效防范风险的前提下，支持贫困地区金融机构建设创新型互联网平台，开展网络银行、网络保险、网络基金销售和网络消费金融等业务；支持互联网企业依法合规设立互联网支付机构；规范发展民间融资，引入创业投资基金、私募股权投资基金，引导社会资本支持精准扶贫。

五、完善精准扶贫金融支持保障措施

（十六）设立扶贫再贷款，发挥多种货币政策工具引导作用。设立扶贫再贷款，利率在正常支农再贷款利率基础上下调1个百分点，引导地方法人金融机构切实降低贫困地区涉农贷款利率水平。合理确定扶贫再贷款使用期限，为地方法人金融机构支持脱贫攻坚提供较长期资金来源。使用扶贫再贷款的金融机构要建立台账，加强精准管理，确保信贷投放在数量、用途、利率等方面符合扶贫再贷款管理要求。加大再贴现支持力度，引导贫困地区金融机构扩大涉农、小微企业信贷投放。改进宏观审慎政策框架，加强县域法人金融机构新增存款一定比例用于当地贷款的考核，对符合条件的金融机构实施较低的存款准备金率，促进县域信贷资金投入。

（十七）加强金融与财税政策协调配合，引导金融资源倾斜配置。有效整合各类财政涉农资金，充分发挥财政政策对金融资源的支持和引导作用。继续落实农户小额贷款税收优惠、涉农贷款增量奖励、农村金融机构定向费用补贴、农业保险保费补贴等政策，健全和完善贫困地区农村金融服务的正向激励机制，引导更多金融资源投向贫困地区。完善创业担保贷款、扶贫贴息贷款、民贸民品贴息贷款等管理机制，增强政策精准度，提高财政资金使用效益。建立健全贫困地区融资风险分担和补偿机制，支持有条件的地方设立扶贫贷款风险补偿基金和担保基金，专项用于建档立卡贫困户贷款以及带动贫困人口就业的各类扶贫经济组织贷款风险补偿。支持各级政府建立扶贫产业基金，吸引社会资本参与扶贫。支持贫困地区设立政府出资的融资担保机构，鼓励和引导有实力的融资担保机构通过联合担保以及担保与保险相结合等多种方式，积极提供精准扶贫融资担保。金融机构要加大对贫困地区发行地方政府债券置换存量债务的支持力度，鼓励采取定向承销等方式参与债务置换，稳步化解贫困地区政府债务风险。各地中国人民银行省级分支机构、银监局要加强对金融机构指导，推动地方债承销发行工作顺利开展。

（十八）实施差异化监管政策，优化银行机构考核指标。推行和落实信贷尽职免责制度，根据贫困地区金融机构贷款的风险、成本和核销等具体情况，对不良贷款比率实行差异化考核，适当提高贫困地区不良贷款容忍度。在有效保护股东利益的前提下，提高金融机构呆坏账核销效率。在计算资本充足率时，对贫困地区符合政策规定的涉农和小微企业贷款适用相对较低的风险权重。

六、持续完善脱贫攻坚金融服务工作机制

（十九）加强组织领导，健全责任机制。建立和完善人民银行、银监、证监、保监、发展改革、扶贫、财政、金融机构等参与的脱贫攻坚金融服务工作联动机制，加强政策互动、工作联动和信息共享。切实发挥人民银行各级行在脱贫攻坚金融服务工作的组织引导作用，加强统筹协调，推动相关配套政策落实。开展金融扶贫示范区创建活动，发挥示范引领作用。进一步发挥集中连片特困地区扶贫开发金融服务联动协调机制的作用，提升片区脱贫攻坚金融服务水平。

（二十）完善精准统计，强化监测机制。人民银行总行及时出台脱贫攻坚金融服务专项统计监测制度，从片区、县（市、区）、村、建档立卡贫困户等各层次，完善涵盖货币政策工具运用效果、信贷投放、信贷产品、利率和基础金融服务信息的监测体系，及时动态跟踪监测各地、各金融机构脱贫攻坚金融服务工作情况，为政策实施效果监测评估提供数据支撑。人民银行各分支机构和各金融机构要按政策要求，及时、准确报送脱贫攻坚金融服务的相关数据和资料。

（二十一）开展专项评估，强化政策导向。建立脱贫攻坚金融服务专项评估制度，定期对各地、各金融机构脱贫攻坚金融服务工作进展及成效进行评估考核。丰富评估结果运用方式，对评估结果进行通报，将对金融机构评估结果纳入人民银行分支机构综合评价框架内，作为货币政策工具使用、银行间市场管理、新设金融机构市场准入、实施差异化金融监管等的重要依据，增强脱贫攻坚金融政策的实施效果。

（二十二）加强总结宣传，营造良好氛围。积极通过报纸、广播、电视、网络等多种媒体，金融机构营业网点以及村组、社区等公共宣传栏，大力开展金融扶贫服务政策宣传，增进贫困地区和贫困人口对精准扶贫金融服务政策的了解，增强其运用金融工具的意识和能力。及时梳理、总结精准扶贫金融服务工作中的典型经验、成功案例、工作成效，加强宣传推介和经验交流，营造有利脱贫攻坚金融服务工作的良好氛围。

中国人民银行　发展改革委

财政部　银监会　证监会　保监会

国务院扶贫开发领导小组办公室

2016 年 3 月 16 日

关于金融支持深度贫困地区
脱贫攻坚的意见

银发〔2017〕286号

为深入贯彻落实党的十九大、深度贫困地区脱贫攻坚座谈会和《中共中央办公厅 国务院办公厅印发〈关于支持深度贫困地区脱贫攻坚的实施意见〉的通知》（厅字〔2017〕41号）精神，集中力量、集中资源，创新金融扶贫体制机制，着力做好深度贫困地区金融服务，现提出如下意见。

一、强化责任、提升站位，金融扶贫资源要更加聚焦深度贫困地区。攻克深度贫困堡垒，是打赢脱贫攻坚战必须完成的任务。做好金融助推深度贫困地区脱贫攻坚工作，是金融系统义不容辞的责任。金融部门要坚持新增金融资金优先满足深度贫困地区、新增金融服务优先布设深度贫困地区，加大对建档立卡贫困户和扶贫产业项目、贫困村提升工程、基础设施建设、基本公共服务等重点领域的支持力度，着力增强深度贫困地区自我发展能力，为深度贫困地区打赢脱贫攻坚战提供重要支撑。

二、综合运用货币政策工具，引导金融机构扩大深度贫困地区信贷投放。加强深度贫困地区扶贫再贷款管理，加大对深度贫困地区的扶贫再贷款倾斜力度，到2020年，力争每年深度贫困地区扶贫再贷款占所在省（区、市）的比重高于上年同期水平。引导金融机构加强系统内信贷资源调剂，加大对深度贫困地区的支持力度。2020年以前，深度贫困地区贷款增速力争每年高于所在省（区、市）贷款平均增速。

三、改进完善差别化信贷管理，更好满足深度贫困地区群众合理融资需求。各银行业金融机构要合理调配信贷资源，优化调整内部授权与绩效考核，适当延长贷款期限，综合确定贷款额度。脱贫攻坚期内，对于精准扶贫贷款，在风险可控的前提下，稳妥办理无还本续贷业务，区别对待逾期和不良贷款。对深度贫困地区发放的精准扶贫贷款，实行差异化的贷款利率。规范发展扶贫小额信贷，着力支持深度贫困地区符合条件的建档立卡贫困户发展生产。在深度贫困地区，适度提高创业担保贷款贴息额度、取消反担保要求。加大国家助学贷款实施力度，支持更多家庭困难学生入学。延长民贸民品优惠利率贷款期限，因地制宜支持民贸民品企业发展，保障少数民族群众生产生活的特殊需求。建立带动建档立卡贫困人口脱贫的挂钩机制，加大对产业扶贫的金融支持力度。对存在不良信用记录的扶贫对象，要通过深入分析金融精准扶贫信息系统和金融机构记录，查找不良信用记录形成原因，开展信用救助，有针对性地帮助其重建良好信用。

四、加强资金筹集使用管理，全力做好深度贫困地区易地扶贫搬迁金融服务。国家开发银行、农业发展银行要根据深度贫困地区搬迁工作进度和资金需求，合理安排易地扶贫搬迁专项金融债券发行时机，筹集信贷资金，确保支持对象精准、贷款资金专款专用，坚决避免资金闲置挪用和因贷款原因影响搬迁进度，人民银行相关分支机构要加强动态监测和监督检查。各银行业金融机构要做好贫困人口安置综合金融服务，支持安置区贫困人口就近就地生产生活。

五、发挥资本市场作用，拓宽深度贫困地区直接融资渠道。对深度贫困地区符合条件的企业首次公开发行股票，加快审核进度，适用"即报即审、审过即发"政策。支持深度贫困地区符合条件的企业在全国中小企业股份转让系统挂牌，实行"专人对接、专项审核"，适用"即报即审，审过即挂"政策，减免挂牌初费。对深度贫困地区符合条件的企业发行公司债、资产支持证券的，实行"专人对接、专项审核"，适用"即报即审"政策。鼓励上市公司支持深度贫困地区的产业发展，支持上市公司对深度贫困地区的企业开展并购重组。对涉及深度贫困地区的上市公司并购重组项目，优先安排加快审核。支持证券经营机构开展专业帮扶，通过组建金融工作站等方式结对帮扶贫困县，提高深度贫困地区利用资本市场促进经济发展的能力。支持深度贫困地区符合条件的企业通过发行短期融资券、中期票据、扶贫票据、社会效应债券等债务融资工具筹集资金，实行会费减半的优惠。

六、创新发展保险产品，提高深度贫困地区保险密度和深度。大力发展商业医疗补充保险、疾病保险、扶贫小额保险、农房保险等保险产品，重点服务深度贫困地区因病、因残致贫的突出困难群体。加大对深度贫困地区建档立卡贫困户投保保费补贴力度，积极发展农业保险，适度降低深度贫困地区保险费率。创新发展农产品价格保险和收入保险，提高深度贫困地区农业风险保障水平。到 2020 年底，实现深度贫困地区贫困人群医疗补充保险广覆盖，政策性农业保险乡镇全覆盖。

七、优先下沉深度贫困地区金融网点，更加贴近贫困农户需求。金融机构要结合深度贫困地区实际需求，合理优化网点布局，保持现有网点基本稳定并力争有所增加，提升网点覆盖面，积极推动已有金融机构网点服务升级，适度下放管理权限。地方法人金融机构要继续向深度贫困地区乡村下沉营业网点，扩大业务范围。推动加大财政奖补力度，审慎稳妥扩充助农取款点服务功能，进一步推进支付服务进村设点，鼓励深度贫困地区推广网络支付，力争 2020 年底前实现助农取款服务在深度贫困地区行政村全覆盖，实现"基础金融服务不出村、综合金融服务不出镇"。

八、推进深度贫困地区信用体系建设，加大信用贷款投放力度。全面开展信用乡镇、信用村、信用户创建，到 2020 年实现深度贫困地区建档立卡贫困户信用体系建设全覆盖。结合深度贫困地区实际，探索开展信用培育有效途径，完善信用评价机制。在风险可控、商业可持续的前提下，大力发展信用贷款业务，提高信用贷款金额，促进深度贫困地区信用贷款保持较快增长。

九、继续发挥经理国库职能，提升深度贫困地区国库服务水平。发挥国库的监测分析作用，配合地方财政部门盘活财政资金存量，提高财政扶贫资金使用效率。拓宽国库直接支付惠农资金种类和范围，完善贫困农户直接补贴机制，保障各类补贴资金安全及时足额发放到位。适时开展国债下乡，为深度贫困地区农户提供安全可靠的投资渠道，提高财产性收入水平。

十、加强深度贫困地区金融生态环境建设，有效防范金融风险。在深度贫困地区优先实施农村金融教育"金惠工程"，2020 年以前实现深度贫困地区贫困村金融宣传教育全覆盖。加强对深度贫困地区基层干部的金融知识培训，提升金融风险防范意识和识别能力以及运用金融工具的能力。强化深度贫困地区金融消费者权益保护，严厉打击金融欺诈、非法集资、制售使用假币等非法金融活动，规范金融机构业务行为，净化深度贫困地区金融消费环境。严格扶贫项目贷款审批管理，避免假借扶贫名义违法违规举债融资上其他项目，切实防范金融风险，促进深度贫困地区经济可持续，为贫困群众"真脱贫、脱真贫"提供长远支撑。

十一、优化银行业金融机构监管考核，提升银行业金融机构贷款投放的积极性。适当提高不良贷款容忍度，对深度贫困地区银行业金融机构个人精准扶贫贷款不良率高于自身各项贷款不良率年度目标 2 个百分点以内的，可以在监管部门监管评价和银行内部考核中给予一定的容忍度。加快完善落实尽职免责制度，明确精准扶贫贷款发放过程中的尽职要求，强化正面引导。

十二、加强财税金融结合，撬动金融资源更多投向深度贫困地区。加强与地方政府部门沟通协调，推动落实好扶贫贷款贴息政策。健全融资风险分担和补偿机制，支持深度贫困地区设立贷款担保基金和风险补偿基金。支持深度贫困地区设立政府性融资担保机构，通过资本注入、风险分担、风险补偿等方式，撬动金融资本和社会资金投入扶贫开发。推动地方落实好支持企业融资税收优惠政策，引导金融机构更好支持深度贫困地区农户、小微企业、个体工商户贷款融资。

十三、完善监测考核评价机制，强化金融精准扶贫政策宣传推广。充分利用金融精准扶贫信息系统，加强信息对接共享和专项贷款统计，加强对金融精准扶贫服务情况和精准扶贫贷款异常波动情况的监测分析。改进金融精准扶贫效果评估，丰富评估结果运用方式，推动纳入政府综合扶贫工作效果考核体系，并与扶贫再贷款使用、宏观审慎评估、银行间债券管理、金融产品创新等挂钩。充分利用主流媒体和网络媒体广泛宣传金融扶贫政策、金融知识、金融产品和服务及金融扶贫效果，及时总结推广典型金融扶贫模式和经验，形成金融助推深度贫困地区脱贫攻坚的浓厚氛围。

中国人民银行　银监会

证监会　保监会

2017 年 12 月 15 日

中国保监会、国务院扶贫开发领导小组办公室关于做好保险业助推脱贫攻坚工作的意见

保监发〔2016〕44 号

各保监局，各省（区、市）扶贫办（局）、新疆生产建设兵团扶贫办，中国保险保障基金有限责任公司、中国保险信息技术管理有限责任公司、中保投资有限责任公司、上海保险交易所股份有限公司、中国保险报业股份有限公司，中国保险行业协会、中国保险学会、中国精算师协会、中国保险资产管理业协会，各保险公司：

为贯彻落实《中共中央 国务院关于打赢脱贫攻坚战的决定》（中发〔2015〕34 号）和中央扶贫开发工作会议精神，指导各级保险监管部门、扶贫部门和保险机构按照人民银行、保监会、扶贫办等 7 部门《关于金融助推脱贫攻坚的实施意见》（银发〔2016〕84 号）的总体部署，充分发挥保险行业体制机制优势，履行扶贫开发社会责任，全面加强和提升保险业助推脱贫攻坚能力，助力"十三五"扶贫开发工作目标如期实现，现提出如下意见。

一、总体要求

（一）指导思想。

全面贯彻习近平总书记系列讲话精神，牢固树立和贯彻落实创新、协调、绿色、开放和共享的发展理念，深入学习领会党中央、国务院精准扶贫、精准脱贫基本方略的深刻内涵，增强打赢脱贫攻坚战的使命感紧迫感，以满足贫困地区日益增长

的多元化保险需求为出发点，以脱贫攻坚重点人群和重点任务为核心，精准对接建档立卡贫困人口的保险需求，精准创设完善保险扶贫政策，精准完善支持措施，创新保险扶贫体制机制，举全行业之力，持续加大投入，为实现到 2020 年打赢脱贫攻坚战、全面建成小康社会提供有力的保险支撑。

（二）总体目标。

到 2020 年，基本建立与国家脱贫攻坚战相适应的保险服务体制机制，形成商业性、政策性、合作性等各类机构协调配合、共同参与的保险服务格局。努力实现贫困地区保险服务到村到户到人，对贫困人口"愿保尽保"，贫困地区保险深度、保险密度接近全国平均水平，贫困人口生产生活得到现代保险全方位保障。

（三）基本原则。

定向原则。定向发挥保险经济补偿功能，努力扩大保险覆盖面和渗透度，通过保险市场化机制放大补贴资金使用效益，为贫困户提供普惠的基本风险保障。定向发挥保险信用增信功能，通过农业保险保单质押和扶贫小额信贷保证保险等方式，低成本盘活农户资产。定向发挥保险资金融通功能，加大对贫困地区的投放，增强造血功能，推动贫困地区农业转型升级。

精准原则。把集中连片特困地区，老、少、边、穷地区，国家级和省级扶贫开发重点县，特别是建档立卡贫困村和贫困户作为保险支持重点，创设保险扶贫政策，搭建扶贫信息与保险业信息共享平台，开发针对性的扶贫保险产品，提供多层次的保险服务，确保对象精准、措施精准、服务精准、成效精准。

特惠原则。在普惠政策基础上，通过提高保障水平、降低保险费率、优化理赔条件和实施差异化监管等方式，突出对建档立卡贫困户的特惠政策和特惠措施，为建档立卡贫困人口提供优质便捷的保险服务，增强贫困人口抗风险能力，构筑贫困地区产业发展风险防范屏障。

创新原则。构建政府引导、政策支持、市场运作、协同推进的工作机制，综合运用财政补贴、扶贫资金、社会捐赠等多种方式，拓展贫困农户保费来源渠道，激发贫困农户保险意识与发展动力。针对贫困地区与贫困农户不同致贫原因和脱贫需求，加强保险产品与服务创新，分类开发、量身定制保险产品与服务。创新保险资金支农融资方式，积极参与贫困地区生产生活建设。

二、精准对接脱贫攻坚多元化的保险需求

（四）精准对接农业保险服务需求。保险机构要认真研究致贫原因和脱贫需求，积极开发扶贫农业保险产品，满足贫困农户多样化、多层次的保险需求。要加大投入，不断扩大贫困地区农业保险覆盖面，提高农业保险保障水平。要立足贫困地区资源优势和产业特色，因地制宜开展特色优势农产品保险，积极开发推广目标价格保险、天气指数保险、设施农业保险。要面向能带动贫困人口发展生产的新型农业经营主体，开发多档次、高保障农业保险产品和组合型农业保险产品，探索开展覆盖农业产业链的保险业务，协助新型农业经营主体获得信贷支持。切实做好贫困地区农业保险服务，灾后赔付要从快从简、应赔快赔。对已确定的灾害，可在查勘定损结束前按预估损失的一定比例预付部分赔款，帮助贫困农户尽早恢复生产。中国农业保险再保险共同体要加大对贫困地区农业保险业务的再保险支持力度，支持直保公司扩大保险覆盖面和提高保障水平。

（五）精准对接健康保险服务需求。保险机构要发挥专业优势，不断改进大病保险服务水平，提高保障程度，缓解"因病致贫、因病返贫"现象。按照国家有关要求，研究探索大病保险向贫困人口予以倾斜。加强基本医保、大病保险、商业健康保险、医疗救助、疾病应急救助和社会慈善等衔接，提高贫困人口医疗费用实际报销比例。鼓励保险机构开发面向贫困人口的商业健康保险产品，参与医疗救助经办服务。

（六）精准对接民生保险服务需求。保险机构要针对建档立卡贫困人口，积极开发推广贫困户主要劳动力意外伤害、疾病和医疗等扶贫小额人身保险产品。重点开发针对留守儿童、留守妇女、留守老人、失独老人、残疾人等人群的保险产品，对农村外出务工人员开辟异地理赔绿色通道，为农村居民安居生活提供保障。进一步扩大农房保险覆盖面，不断提升保障水平。积极开展农村治安保险和自然灾害公众责任保险试点。探索保险服务扶贫人员队伍新模式，为各地政府、企事业单位驻村干部和扶贫挂职干部，高校毕业生"三支一扶"（支教、支农、支医和扶贫）提供保险保障。支持贫困地区开展巨灾保险试点。

（七）精准对接产业脱贫保险服务需求。积极发展扶贫小额信贷保证保险，为贫困户融资提供增信支持，增强贫困人口获取信贷资金发展生产的能力。探索推广"保险+银行+政府"的多方信贷风险分担补偿机制。支持有条件的地方设立政府风险补偿基金，对扶贫信贷保证保险给予保费补贴和风险补偿。鼓励通过农业保险保单质押、土地承包经营权抵押贷款保证保险、农房财产权抵押贷款保证保险等方式，拓宽保险增信路径，引导信贷资源投入。探索开展贫困农户土地流转收益保证保险，确保贫困农户土地流转收益。结合农村电商、乡村旅游、休闲农业等农业新业态，开发物流、仓储、农产品质量保证、互联网+等保险产品。创新保险资金运用方式，探索开展"农业保险+扶贫小额信贷保证保险+保险资金支农融资"业务试点，协助参保的贫困人口更便利地获得免担保、免抵押、优惠利率的小额资金。

（八）精准对接教育脱贫保险服务需求。积极开展针对贫困家庭大中学生的助学贷款保证保险，解决经济困难家庭学生就学困难问题。推动保险参与转移就业扶贫，优先吸纳贫困人口作为农业保险协保员。要对接集中连片特困地区的职业院校和技工学校，面向贫困家庭子女开展保险职业教育、销售技能培训和定向招聘，实现靠技能脱贫。

三、充分发挥保险机构助推脱贫攻坚主体作用

（九）完善多层次保险服务组织体系。保险机构要强化主体责任，将资源向贫困地区和贫困人群倾斜。要加大贫困地区分支机构网点建设，持续推进乡、村两级保险服务网点建设，努力实现网点乡镇全覆盖和服务行政村全覆盖。

（十）对贫困地区分支机构实行差异化考核。各保险机构总公司应根据贫困地区实际情况，科学设定绩效考核指标，对贫困地区分支机构实行差异化考核，引导贫困地区基层机构积极发展扶贫保险业务。对贫困地区分支机构因重大自然灾害或农产品价格剧烈波动导致的经营亏损，不得纳入绩效考核指标。

（十一）加强贫困地区保险技术支持及人才培养。各保险机构要大力推动贫困地区员工属地化，积极吸纳贫困地区大学生就业，加快培育贫困地区保险人才。要努力改善贫困地区分支机构职工福利，为贫困地区培养留得下、稳得住的专业人才。鼓励各保险机构总公司每年选派业务能力较强、政治立场坚定的员工到贫困

地区分支机构工作，并在查勘理赔技术、设备等方面给予支持。

（十二）鼓励保险资金向贫困地区基础设施和民生工程倾斜。保险机构要充分发挥保险资金长期投资的独特优势，按照风险可控、商业可持续原则，以债权、股权、资产支持计划等多种形式，积极参与贫困地区基础设施、重点产业和民生工程建设，积极支持可带动农户脱贫、吸引贫困农户就业的新型农业经营主体融资需求。支持保险机构参与各级政府建立的扶贫产业基金，鼓励保险机构加大对贫困地区发行地方政府债券置换存量债务的支持力度。

四、完善精准扶贫保险支持保障措施

（十三）鼓励通过多种方式购买保险服务。要充分认识保险服务脱贫攻坚的重要作用，把运用保险工具作为促进经济发展、转变政府职能、完善社会治理、保障改善民生的重要抓手。鼓励各地结合实际，积极探索运用保险风险管理功能及保险机构网络、专业技术等优势，通过市场化机制，以委托保险机构经办或直接购买保险产品和服务等方式，探索保险参与扶贫开发的新模式、新途径，降低公共服务运行成本。要加大组织推动力度，引导农村贫困人口参保续保。鼓励各类慈善机构和公益性社会组织为贫困人群捐赠保险。

（十四）加强保险与扶贫政策的协调配合。各地扶贫办应将保险纳入扶贫规划及政策体系，在政策指导、资金安排、工作协调、数据共享等方面支持保险机构开展工作。鼓励各地结合实际，对建档立卡贫困人口参加农业保险、扶贫小额信贷保证保险、扶贫小额人身保险、商业补充医疗保险和涉农保险给予保费补贴，提高扶贫资金使用效率。建立健全贫困地区风险分担和补偿机制，专项用于对建档立卡贫困户贷款保证保险及带动贫困人口就业的各类扶贫经济组织贷款保证保险风险补偿。

（十五）实施差异化监管。支持在贫困地区开展相互制保险试点。支持现有保险机构到革命老区、民族地区、边疆地区和连片特困地区下延机构和开办扶贫保险业务，对上述机构优先予以审批。严格控制贫困地区现有保险机构网点撤并。对投向贫困地区项目的保险资金运用产品，优先予以审批或备案。鼓励保险机构开发涵盖贫困农户生产生活全方位风险的"特惠保"等一揽子保险产品，并优先予以审批或备案。对保险公司开发的针对建档立卡贫困人口的农业保险、涉农保险产品和针对可带动农户脱贫、吸纳贫困农户就业的新型农业经营主体的保险产品，费率可在向监管部门报备费率的基础上下调20%。

（十六）健全保险行业参与机制。设立中国保险业产业扶贫投资基金，采取市场化运作方式，专项用于贫困地区资源开发、产业园区建设、新型城镇化发展等。设立中国保险业扶贫公益基金，实施保险业扶贫志愿者行动计划。鼓励保险机构下移扶贫重心，加大捐赠力度，自愿包村包户，对贫困农户生产生活教育实现风险防范全覆盖。

（十七）加强保险消费者教育。强化贫困地区保险消费者教育和权益保护，保障贫困地区保险消费者合法权益。根据贫困地区保险消费者需求特点，综合运用多种媒体、保险机构网点以及村镇、社区等公共宣传栏，有针对性地开展保险扶贫服务政策宣传，增进贫困地区和贫困人口对精准扶贫保险服务政策的了解，提高其保险意识和运用保险工具分散风险的能力。统筹安排针对扶贫干部的保险知识培训，由保监会提供相应的培训项目及师资等智力支持，不断提高各级干部运用保险的能力和水平。鼓励保险机构向贫困地区基层干部和贫困农户提供农业技术、风险管理以及现代保险知识培训，提高运用保险发展经济的意识和能力。

五、完善脱贫攻坚保险服务工作机制

（十八）强化组织统筹。各保监局、保险机构和保险业社团组织要把扶贫开发工作作为重大政治任务，采取切实措施，确保各项工作有序开展。各保监局要成立由主要负责人任组长的工作领导小组，统筹协调辖内保险机构，做好保险服务脱贫攻坚工作。各保监局和省级扶贫部门要建立工作联动机制，可根据本意见制定具体实施办法，加强政策互动、工作联动和信息共享，推动相关配套政策落实。

（十九）完善精准统计制度。建立脱贫攻坚保险服务专项统计监测制度，实现保险信息与建档立卡信息对接，及时动态跟踪监测各地、各保险机构工作进展，为政策评估提供数据支撑。各保监局和各保险机构要按照保监会和国务院扶贫办要求，及时、准确报送相关数据资料。

（二十）严格考核督查。建立脱贫攻坚保险服务专项评估制度，保监会、国务院扶贫办定期对各地、各保险机构脱贫攻坚保险服务工作进展及成效进行考评，通报考评结果，并将考评结果作为市场准入、高管资格和差异化监管的重要依据。

（二十一）加强总结宣传。及时梳理、总结精准扶贫保险服务工作中的典型经验、成功案例和工作成效，加强宣传推介和经验交流，营造有利脱贫攻坚保险服务工作的良好氛围。

中国保监会　国务院扶贫办

2016 年 5 月 26 日

国家发展改革委　国家开发银行关于开发性金融支持特色小（城）镇建设促进脱贫攻坚的意见

发改规划〔2017〕102 号

各省、自治区、直辖市及计划单列市发展改革委、新疆生产建设兵团发展改革委，国家开发银行各分行：

建设特色小（城）镇是推进供给侧结构性改革的重要平台，是深入推进新型城镇化、辐射带动新农村建设的重要抓手。全力实施脱贫攻坚、坚决打赢脱贫攻坚战是"十三五"时期的重大战略任务。在贫困地区推进特色小（城）镇建设，有利于为特色产业脱贫搭建平台，为转移就业脱贫拓展空间，为易地扶贫搬迁脱贫提供载体。为深入推进特色小（城）镇建设与脱贫攻坚战略相结合，加快脱贫攻坚致富步伐，现就开发性金融支持贫困地区特色小（城）镇建设提出以下意见。

一、总体要求

全面贯彻党的十八大和十八届三中、四中、五中、六中全会精神，统筹推进"五位一体"总体布局和协调推进"四个全面"战略布局，牢固树立和贯彻落实新发展理念，按照扶贫开发与经济社会发展相结合的要求，充分发挥开发性金融作用，推动金融扶贫与产业扶贫紧密衔接，夯实城镇产业基础，完善城镇服务功能，推动城乡一体化发展，通过特色小（城）镇建设带动区域性脱贫，实现特色小（城）镇持续健康发展和农村贫困人口脱贫双重目标，坚决打赢脱贫攻坚战。

——坚持因地制宜、稳妥推进。从各地实际出发，遵循客观规律，加强统筹协调，科学规范引导特色小（城）镇开发建设与脱贫攻坚有机结合，防止盲目建设、浪费资源、破坏环境。

——坚持协同共进、一体发展。统筹谋划脱贫攻坚与特色小（城）镇建设，促进特色产业发展、农民转移就业、易地扶贫搬迁与特色小（城）镇建设相结合，确保群众就业有保障、生活有改善、发展有前景。

——坚持规划引领、金融支持。根据各地发展实际，精准定位、规划先行，科学布局特色小（城）镇生产、生活、生态空间。通过配套系统性融资规划，合理配置金融资源，为特色小（城）镇建设提供金融支持，着力增强贫困地区自我发展能力，推动区域持续健康发展。

——坚持主体多元、合力推进。发挥政府在脱贫攻坚战中的主导作用和在特色小（城）镇建设中的引导作用，充分利用开发性金融融资、融智优势，聚集各类资源，整合优势力量，激发市场主体活力，共同支持贫困地区特色小（城）镇建设。

——坚持改革创新、务求实效。用改革的办法和创新的精神推进特色小（城）镇建设，完善建设模式、管理方式和服务手段，加强金融组织创新、产品创新和服务创新，使金融资源切实服务小（城）镇发展，有效支持脱贫攻坚。

二、主要任务

（一）加强规划引导。加强对特色小（城）镇发展的指导，推动地方政府结合经济社会发展规划，编制特色小（城）镇发展专项规划，明确发展目标、建设任务和工作进度。开发银行各分行积极参与特色小（城）镇规划编制工作，统筹考虑财税、金融、市场资金等方面因素，做好系统性融资规划和融资顾问工作，明确支持重点、融资方案和融资渠道，推动规划落地实施。各级发展改革部门要加强与开发银行各分行、特色小（城）镇所在地方政府的沟通联系，积极支持系统性融资规划编制工作。

（二）支持发展特色产业。一是各级发展改革部门和开发银行各分行要加强协调配合，根据地方资源禀赋和产业优势，探索符合当地实际的农村产业融合发展道路，不断延伸农业产业链、提升价值链、拓展农业多种功能，推进多种形式的产城融合，实现农业现代化与新型城镇化协同发展。二是开发银行各分行要运用"四台一会"（管理平台、借款平台、担保平台、公示平台和信用协会）贷款模式，推动建立风险分担和补偿机制，以批发的方式融资支持龙头企业、中小微企业、农民合作组织以及返乡农民工等各类创业者发展特色优势产业，带动周边广大农户，特别是贫困户全面融入产业发展。三是在特色小（城）镇产业发展中积极推动开展土地、资金等多种形式的股份合作，在有条件的地区，探索将"三资"（农村集体资金、资产和资源）、承包土地经营权、农民住房财产权和集体收益分配权资本化，建立和完善利益联结机制，保障贫困人口在产业发展中获得合理、稳定的收益，并实现城乡劳动力、土地、资本和创新要素高效配置。

（三）补齐特色小（城）镇发展短板。一是支持基础设施、公共服务设施和生态环境建设，包括但不限于土地及房屋的征收、拆迁和补偿；安置房建设或货币化安置；水网、电网、路本网、信息网、供气、供热、地下综合管廊等公共基础设施建设；污水处理、垃圾处理、园林绿化、水体生态系统与水环境治理等环境设施建设以及生态修复工程；科技馆、学校、文化馆、医院、体育馆等科教文卫设施建设；小型集贸市场、农产品交易市场、生活超市等便民商业设施建设；其他基础设施、公共服务设施以及环境设施建设。二是支持各类产业发展的配套设施建设，包括但不限于标准厂房、孵化园、众创空间等生产平台；旅游休闲、商贸物流、人才公寓等服务平台建设；其他促进特色产业发展的配套基础设施建设。

（四）积极开展试点示范。结合贫困地区发展实际，因地制宜开展特色小（城）镇助力脱贫攻坚建设试点。对试点单位优先编制融资规划，优先安排贷款规模，优先给予政策、资金等方面的支持，鼓励各地先行先试，着力打造一批资源禀赋丰富、区位环境良好、历史文化浓厚、产业集聚发达、脱贫攻坚效果好的特色小（城）镇，为其他地区提供经验借鉴。

（五）加大金融支持力度。开发银行加大对特许经营、政府购买服务等模式的信贷支持力度，特别是通过探索多种类型的PPP模式，引入大型企业参与投资，引导社会资本广泛参与。发挥开发银行"投资、贷款、债券、租赁、证券、基金"综合服务功能和作用，在设立基金、发行债券、资产证券化等方面提供财务顾问服务。发挥资本市场在脱贫攻坚中的积极作用，盘活贫困地区特色资产资源，为特色小（城）镇建设提供多元化金融支持。各级发展改革部门和开发银行各分行要共同推动地方政府完善担保体系，建立风险补偿机制，改善当地金融生态环境。

（六）强化人才支撑。加大对贫困地区特色小（城）镇建设的智力支持力度，开发银行扶贫金融专员要把特色小（城）镇作为金融服务的重要内容，帮助派驻地（市、州）以及对口贫困县区域内的特色小（城）镇引智、引商、引技、引资，着力解决缺人才、缺技术、缺资金等突出问题。以"开发性金融支持脱贫攻坚地方干部培训班"为平台，为贫困地区干部开展特色小（城）镇专题培训，帮助正确把握政策内涵，增强运用开发性金融手段推动特色小（城）镇建设、促进脱贫攻坚的能力。

（七）建立长效合作机制。国家发展改革委和开发银行围绕特色小（城）镇建设进一步深化合作，建立定期会商机制，加大工作推动力度。各级发展改革部门和开发银行各分行要密切沟通，共同研究制定当地特色小（城）镇建设工作方案，确定重点支持领域，设计融资模式；建立特色小（城）镇重点项目批量开发推荐机制，形成项目储备库；协调解决特色小（城）镇建设过程中的困难和问题，将合作落到实处。

各级发展改革部门和开发银行各分行要支持贫困地区特色小（城）镇建设促进脱贫攻坚，加强合作机制创新、工作制度创新和发展模式创新，积极探索、勇于实践，确保特色小（城）镇建设取得新成效，打赢脱贫攻坚战。

国家发展改革委

国家开发银行

2017 年 1 月 13 日